把書獻給某人後，

該書是屬於某人還是作者？

文責該由誰來負？

一人做事一人當，

本書不獻給任何人。

有鼻有眼，怎會不美？

文字人的形相學

王礽福 著

基道出版社

有鼻有眼，怎會不美？

文字人的形相學

作者
王礽福

插圖
李小編

責任編輯
李慧儀

裝幀設計
奇文雲海．設計顧問

出版／發行
基道出版社
香港沙田火炭坳背灣街26號富騰工業中心1011室
LOGOS PUBLISHERS
Unit 1011, Fo Tan Ind. Centre, 26 Au Pui Wan St., Shatin, Hong Kong
電話：(852) 2687-0331 傳真：(852) 2687-0281
網址：http://www.logos.com.hk

承印
海洋印務有限公司

9/2008 初版
Cat. No. LP919
ISBN 978-962-457-365-7

刷次	10	9	8	7	6	5	4	3	2	1
年份	2017	2016	2015	2014	2013	2012	2011	2010	2009	2008

吳 序

吳鯤生

年少之時，台灣某報副刊連載陳定山撰述的《大唐中興閒話》，我每天放學回家，讀個千把字，享受得很。日子久遠，史事都模糊了，記得的仍然是原來就沒忘的那句：「豪爽而能細心者少，細心而能豪爽者難成大事。」陳定山在書中評述李靖，把高得不能再高的讚譽，就是前半個句子，贈予這位歷史上的名將。

細心和豪爽之間的關聯，如果不是陳定山提點，我們怕也體會不出其中的講究。定公的洞見，想是人生閱歷融會史鑑鑄造而出，鋒利得讓人不很受用，卻又無從反駁。唉，細心而能豪爽，已經難求了；卻到哪兒去尋找豪爽而能細心的俠客？

我工作多年之後，漸漸把自己定位為「重視細節」、「難成大事」俱樂部的成員。有時看到長輩、同輩想做大事，說得上話的，委婉地勸兩句；對於已經形成整個圈子共識、變成一種運動的，就勉強自己安分地坐著。

我猜想，「細心」在這個時代裏，沒有太高的位置。即使如此，對於同事充滿自信的跟我說：「我都抓大的，不看小節。」雖不便立刻開導，卻不認同。

沒料到，在二〇〇七年一月十四日的《時代論壇》，發現王礽福竟然以〈細節〉為題，寫了一篇價抵萬金的文章。不誇張的，如果你靜得下心，好好看完那篇文章，收穫不會只有「萬金」。〈細節〉一文不但結構完整，舉例恰當；它還有個把你目光再三抓回來的引言：「成大事者不拘小節。——不過，成敗往往繫於細節。」

過後不久，我在辦公室佈告欄上，看到有人貼了一篇何飛鵬寫的專欄文章。何飛鵬是台灣《商業周刊》發行人，算是知名企業人士。同事貼的文章是甚麼題目呀？——「做對每一件小事」。(《商業周刊》1018 期，2007 年 5 月)

王礽福是做大事，還是做小事的人？他做小事。

每次礽福的文章出現在報刊上，我總是憂喜參半。喜的是可以泡杯茶好好品讀；憂的是人生的路漫長，很希望他放慢節奏，少一點熬夜。

礽福會不會是做大事的人，這我不操心，以後讓時間來說明吧。

編 序

李慧儀

告訴你一個祕密：文字工作是創意工業。

噓，那算甚麼祕密！

稍等，你知道這句説話指涉的是甚麼嗎？

這麼一問，你登時猶豫了：何謂文字工作？怎樣界定創意工業？這條問題背後暗藏甚麼玄機嗎？指涉又是甚麼意思？好幾個念頭同時在你腦內運轉。

關於定義，其實你心裏有一個頗為實在的理解，所以才會有第一個回應。那麼，後面的困惑是打哪兒跑出來的呢？大概是被那煞有介事的語氣嚇出來的。你的思路立即往「專業」的方向鑽，老在想甚麼「定義」，並相信説話裏一定有「非常態」的成分。

阿城在《閑話閑説》裏曾經説：「甚麼事情一到專業地步，花樣就來了。」這個花樣，就是以不同的方式去形塑「專業的形象」——不論有沒有專業成分。醫生是專業，律師是專業，法官是專業。但他們同時都配備專業道具，那就是白袍、假髮和黑色套裝，還有一大堆「非常態」用語。

最近，神學科編輯就在抱怨，神學書籍看太多，快要看不懂「正常」英文。同樣是一個 good 字，用於神學和哲學的討論時，跟三歲小孩所理解的，並不相同。這就是「非常態」。

那些「非常態」的英文，是不是「專業」的道具？我不敢説，這或許是真有必要而外行人卻不明所以。文字工作算不算「專業」？老實説，我不知道，也不認為會有客觀的準則。不過，就我所見，做文字工作的人都比較浪蕩，那也是真的，所以嘛，像我這樣耍嘴皮的倒有不少，要大家穿黑色套裝來耍帥，那就難了。文字工作這半調子專業，果真要「專業」起來，就不可以靠「花樣」，而要靠實力。

認認真真勤勤懇懇地做好自己的工作，就自然會變得專業。

這些都是王礽福教我的。王礽福是誰？你不曉得，那是應該的，因為他不會靠黑色西裝來混飯吃。(他要是真箇穿上黑色西裝，也不一定騙得了人。哈。)

常常有人問：編輯做些甚麼？一般人會想，

文章都已經寫好了，不就只差打字、排版嗎？除了找錯別字，編輯還有啥可做？……為了確立編輯的職分，或者說，為了保住編輯的飯碗，我必須用一種聽起來很顯淺，感覺上很專業的語言向大家解釋一下……

是的，這就是王礽福，他愛用「親民」的方式來談閱讀、寫作和文字工作。他常對我說：「老友，文字是用來溝通的呀。」我也常跟他在電話裏談論文字工作的種種，談呀談，說呀說，話題愈扯愈遠，由文字工作與閱讀到人生大道理……

　　當編輯多年，已將許多編輯工序融入到生活習慣中，成為性格的一部分……如果要訓練編輯新手，除了教授技巧，更重要是培養他有編輯的良好習慣，如：永遠保持懷疑態度、不怕麻煩、不怕沉悶、充滿好奇心……；以及，勸戒他改掉編輯不應有的某些壞習慣。當然，這是經年累月的工夫。但勉強成習慣，習慣成自然，屆時你就會以為自己是個生來當編輯的料子了。習慣，也許太習慣了，我們常忽略它是一個重要的因素，決定我們能否「做好呢份工」，以至「做好一個人」。

關於「文字工作是創意工業」此語，關鍵在於大家對創意工業有怎樣的想像。編輯是一個工匠，靠的是技藝；創意是一門工業，也是一門技藝。技藝是鍛煉出來的：「老老實實地閱讀，才有真真實實的創意。」這是血汗苦功，不是優悠作業。閱讀和文字工作，令我們學懂一種生活的態度：認認真真勤勤懇懇。

我想，這種態度對所有人都有益處。於是，有一天，我說：礽福，我們出一本書吧！他寫了一篇序過來，開首是這樣的：

> 又在辦公時間跟慧儀在電話裏閒聊亂扯。
>
> 她突然問：「喂，王礽福，有沒有想過出書？」
>
> 我說：「以前有，但有次問一位編輯：如果我出書，能賣嗎？對方說：甭想啦，肯定賠本！於是我就死心，無謂累己累人。」
>
> 「呵，誰來的？瞧我認不認識他嘛。」
>
> 「不就是妳囉。」
>
> 慧儀一時語塞，但事就這樣成了。

把文字工作説得這樣困難，我想也該在文章的結尾告訴讀者：文字工作的好處倒也不少。其中一項就是篩選和發放信息的權力。所以，我要在這裏反駁一句：**王礽福，你兩年前的儲稿量和文章主題，跟現在的不一樣呀！**我不靠黑色套裝，因為我是用強權來建立專業形象的，你別惹我。

自序

又在辦公時間跟慧儀在電話裏閒聊亂扯。

她突然問：「喂，王礽福，有沒有想過出書？」

我說：「以前有，但有次問一位編輯：如果我出書，能賣嗎？對方說：甭想啦，肯定賠本！於是我就死心，無謂累己累人。」

「呵，誰來的？瞧我認不認識他嘛。」

「不就是妳囉。」

慧儀一時語塞，但事就這樣成了。

•••

有些朋友覺得我文筆流暢，內子卻常常批評我口齒不清、辭不達意，我只好慨歎作家在本家是不受歡迎的。不過，言說與書寫本來就是兩種有別的傳訊方式，不能劃上等號。一般相信，言說是先天本能，書寫是後天創作，所以古人不曾追溯誰創造了語言，卻為文字找了個祖先——倉頡，並認為這「無中生有」之舉，驚天動地得「天雨粟、鬼夜哭」。只是文字既為後天工具，就牽涉操作技巧，所以我們常常看到有些人講起話來嘩啦嘩啦，寫起文來卻哎吔哎吔。言不能盡意，書更不能盡言——當然也有例外，譬如我，寫比講好。

如果要為我這類人找個祖先來攀附，我會選韓非子。韓非口吃，幾不能言，但下筆如有神，詞鋒犀利，甚至寫出〈說難〉這篇曲盡遊說辯論心理的文章來。可惜的是，他最後死在李斯的讒言之下。夢筆生花還是鬥不過伶牙俐嘴。這大概就算是我們的命吧。

寫作對我來說一直是件高壓的事，因為我常辭不達意，所以必須把句子一直改一直改，過程既緩慢又教人焦慮，即或完稿後仍沒有信心文通句順。朋友看見那貌似通達暢順的成品，就以為我寫得輕鬆順心。怎麼可能？文字人要「舉重·若輕」:「若輕」是給讀者的印象，「舉重」卻是作者的實相，奧妙全在那個「若」字——不就是「裝模作樣」的意思嘛！韓非能寫出〈說難〉，不正正反映他也是個下筆時就惶恐不安、思前想後、猜算計度、字斟句酌的人麼？那些看起來很「輕」的文章，可能寫得很「重」；反之，我們經常看到的那種很「重」的文字，作者往往寫得很「輕」。

因此，從一開始我就寧可選擇當個編者，而非作者。然而十多年編輯生涯中，不時會遇上某類作者，他們不一定有豐富的寫作經驗，卻對自己的文字表現出高度的自信與偏執，以致對編輯的修改反應過激。我常疑惑：他們的信心從何而來？無疑編輯要反省有否濫改、亂改，有眼不識泰山，但我面「芒」(monitor) 思過，常慨歎那既輕且重的文字，往往令人不知輕重。

編輯是個地位低微的行業(最少在基督教內如是)，常有人問編輯：「你哋到底有乜做？」不單讀者有這種疑竇，作者也常有，所以他們不滿編輯修改其文章，可能也夾雜著一點對編輯的輕視。如今我敬告看官：許多看起來還可以的文章，其實是編輯化腐朽為神奇的成果；至於原稿，不足為外人道焉。一位編輯朋友幫教牧修改論文，弟兄姊妹知道後，不無欣羨的跟他說：「嘩，你就好啦，可以先睹為快！」朋友聽罷幾乎想哭出來。編輯常是個吃黃蓮的啞子。

有前輩說，編輯修改作者文章，仗著的不是比作者對某個課題更專業(當然也有這類編輯高手)，而是編輯作為「外行人的代言人」，該有信心指出怎樣的表達會使讀者如墮迷霧或豁然開朗。編輯不是高人，而是凡人，代表著那些有正常心智的讀者問作者：你在說甚麼？可惜，身先士卒的往往變成爛頭卒。

於是我寫作，以「外行人的代言人」的身分，嘗試拿捏文字的輕重，繪畫編輯在期待一種怎樣的表達與內容。本來該適可而止，怎料我卻不知輕重，愈寫愈多，將編者與作者的界線模糊了。其實道隱無名，寫作無常法，我的心態何嘗不是一種虛妄、一種偏執？我還是希望將自己定位為編者——一個本應隱藏在作者背後的「賢內助」。

不過這回真的要出書了，感到自己真的要以作者的身分面對讀者，我就問自己：「你到底在寫甚麼？」我一直相信：語言形塑思想，思想形塑未來。縱然如今「聲光媒體」稱霸，但它們也需要思想，也需要用語言來形塑。縱然語言在這個年代要退居二線、幕後，但它仍是思想的基礎——聲光下仍須閱讀，否則，聲光將會暗啞，聲光將會亂墜。所以這本書收錄了不少有關寫作、閱讀與出版的文章。至於「時代視域」這個系列，則算是一次閱讀後的實踐，消化所學，用在教會。讀聖賢書，所學何事？對我來說，念茲在茲的，還是教會的事。這個時代批評教會的人——包括基督徒——已經夠多了，不差我一個。所以我選擇了站在教會的角度思考問題，當然我也批評教會，卻嘗試每次批評後都提出一些具體可行的建議。我仍是以「外行人的代言人」身分，提出我對教會的想望與獻議，體諒她的難處，卻期待她做得更好。想不到這個系列的反應甚佳，甚至有不認識我的教牧相約見面，給予鼓勵。我就知道我做對了，上帝喜悅我的事奉。

忘記了甚麼時候意識到自己不夠才華去當作家，反正自知所寫的文字，沒有甚麼保存價值，只能服事一時一地的人；不過我知道上帝不勢利眼，就安心地為這一時一地的人去寫作。我曾給「書比人長壽」這句話所深深吸引，但我很清楚這本書在我有生之年就會被人遺忘，不要緊啦，如果它曾在某時某地，對某些人有一點啟發，不就已經夠了嗎？

目　錄

CONTENTS

筆思進取

我有我編見

戀上一本書

十五二十

很多教會都會投放大量資源在主日學部，教會愈大，課程愈完備，儼如一間小型神學院，而比神學院更厲害的是，主日學學員永遠不知何時可畢業，像是沒完沒了似的。上膩了？那就是時候被徵召去教囉，因為主日學部永遠都缺老師的嘛！

當然，神的話語永遠學不完，所以要求「終身學習」並不為過，然而值得反省的是：第一，教育系統的目標旨在灌輸學生沒有窮盡的知識，還是要培育他們「學會學習」？第二，雖然神的話語很豐富，但資源所限，主日學的課程多只能教授一些基要知識。

其實信徒只要認真地看完一本釋經書或屬靈書，得益絕對不會少於上一個主日學課程，而且所花的時間更少。看過一則很有意思的資料，原來每天只要東拉西扯利用等車、等人、坐車、出恭、睡前的雜碎時間，拼湊出十五分鐘來閱讀，一年就可讀畢二十本書！怎麼這樣厲害？因為一般人平均一分鐘能看三百字，十五分鐘就能看四千五百字，一個月就看了十三萬五千字；以現在一般中小型書約六至十萬字來算，一年就能看罷二十本書。教會常常要求信徒上主日學，我覺得更重要的是培養他們的閱讀習慣。閱讀的羣體是會成長的羣體，能培養信徒的閱讀習慣，不但不愁他們的靈命不長進，更不愁教會缺乏人才。這樣我們就能更有效地運用資源，也能讓主日學更有策略地配合堂會的發展來開課。

沒錯，文字沒落，大家愈來愈視閱讀為畏途；不過，愛書的人都會告訴你，那是假象，是誣衊，閱讀其實是件很過癮的事。我會在這部分的文章告訴你如何「戀上一本書」，戀愛是不是一件很美好的事？是的；閱讀也是。

聽你這麼說我仍然覺得
閱讀是畏途
說出來實在不好意思
因為……

哦？
你有什么高
見？不妨說
來聽聽..

因為……
我不想和你談戀愛！

我什么時候說
要和你談戀
愛？

你不是說閱讀就像戀愛一樣嗎？
談閱讀就是談戀愛喇！

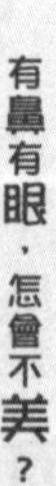

一時衝動

做人不要衝動行事，但買書卻無妨。

有一次喜孜孜地跟一位當團契導師的弟兄分享說，前一天看見某位我喜歡的作者出了新書，立時就買了下來！當時並非甚麼打折季節，於是對方臉帶輕蔑地笑說：「有沒有搞錯？買書當然要等有折扣時才買啦！」

他不知道，正因衝動買書，當晚我已看了大半本書，大大超過我平常的閱讀速度。

大學時是個窮學生，買甚麼都錙銖必較，平常節衣縮食，等到出版社有優惠時就大量「掃貨」。後來一位師兄指點，怎樣買書最划算？就是「想買就買，甭想價錢」。因為「想買」的衝動與「想看」的衝動成正比，衝動愈大，愈能排除萬難，爭取勝利，把書看完；否則衝動過後，心如止水，無欲無求，不看也罷。我經常逛書店，但每次不多買，一本起兩本止，否則無暇兼顧。我們對一本書的閱讀興趣是有「賞味期限」的，過了期，則翻一頁亦如有千斤重，所以一定要乘興而買，在興盡前讀罷，才能「提書而立，為之而四顧，為之躊躇滿志，掩卷而藏之」。

事隔多年，每次看書櫃，我都不得不佩服該師兄為「精打細算」的讀書人，那些獨守空閨、絕少問津的書，多為趁減價時購入的。一本書無論多便宜，如果不看，就算「淨蝕」；看了，就起碼有點「蠅頭小利」；一不小心賺個「盤滿缽滿」，那就更不得了！

而且，怎樣說搞出版都是個文化事業、良心事業（當然也有些沒良心沒文化的敗類），賺頭本就不大；如果你真箇存著「不折不扣就不買」的心態，人家出版社的同工就難以餬口，隨時饔飧不繼，你又於心何忍？（這樣說來，縱然買而不看，也算行善！）當出版社沒錢出好書，你也沒好書好看，到時大家只好在這片文化沙漠「攬住一齊死」。

說實在的，你家裏又奢侈又無用的東西多的是，你買的時候也沒眨一下眼睛。書真的很貴嗎？我看說穿了，其實是個價值觀的問題。

一定要等到有折扣才肯買書？真箇「除精有笨」的舉動。

跟紅頂白

村上春樹的小説《挪威的森林》中，有一位人物很愛看書，卻絕少看現代作家的作品，理由是：「假如讀的東西跟別人一樣，思維方式就跟別人一樣了。」這種想法層次相當高，講出來也顯得相當 cool。但對我這種做編輯的人來説，知道別人的思維方式是很重要的，何況我本來層次就不高，還頗有一點「八公」心態，更對暢銷書深感興趣——現代人不太看書，一本書能夠暢銷，頗能反映某些集體訴求，怎能不「八卦」一下？

暢銷書不一定就是好書，有時太好的書反而不太暢銷，曲高和寡嘛；不過暢銷書通常都屬於「惹火尤物」，惹來連番爭議，譬如《雅比斯的禱告》，正反雙方都有神學院老師和名牧坐鎮，看這兩批重量級人物的交鋒，比看原書還要精彩。沒錯，看暢銷書就是要連其爭論都一併看，短短幾句禱文竟引來連篇累牘的討論，合起來已有幾本書的厚度，還未算身旁朋友有一嗒沒一嗒、有理性沒理性的意見。冷靜的白紙黑字，竟然「火紅火綠」起來，你可以加入戰場，又可以隔岸觀火，有甚麼比這更益人神智，叫讀書人亢奮呢？

暢銷書是一個有趣的現象，《末日迷蹤》就小說論小說，平平無奇，好些情節還頗為拖沓；《人生下半場》也沒提出甚麼新穎、深刻的觀點，它們暢銷背後反映的集體訴求，就值得玩味。《人生下半場》談到如何從上半場的追求成功，轉為在下半場追求價值與意義；這種內容，你很難想像在金融風暴前的港台兩地流行。至於它是否「成功神學」的另一變種，則可再斟酌。掌握暢銷的事物，就能掌握時代的脈搏（正如二〇〇二年盧巧音《好心分手》一歌之所以大熱，又怎會跟董建華競選連任無關？），你可以不認同它提供的答案，但不能不正視它處理的問題。

看暢銷書是一件很過癮的事，人是世上最古靈精怪的東西，有甚麼比知道別人在想甚麼更有趣？

過癮就好

挑起我閱讀興趣的第一本書是中一時看的衛斯理科幻小說《老貓》，從此一發不可收拾，一本接一本，全盛期一年可看逾百本書，有時一晚就看畢兩本。對一些正經八百的教育家來說，這類怪力亂神的書，大概不值得向年輕人推介。無奈之前我看的所有益智讀物，包括魯益師的童話故事，都是勉為其難、拖拖拉拉才看得完，所以有一回在一個鼓勵年輕人閱讀的營會中，聽到一位講員義正詞嚴地叮囑年輕人要看那些大部頭的名著時，我只有肅然起敬的分兒。

撇開一些偉大的理由，閱讀也是一種「癮」。每個人都會有一些癮頭，差別在於它是有益無害、有害無益、無益無害，還是益害相混而已。閱讀的好處數之不盡，所以我們千方百計要別人上癮；但要上癮，就要過癮，除非是色情小說、《完全自殺手冊》這類荼毒心靈的讀物，否則就算是一些層次不高的言情小說，只要年輕人看得開心，又何須深責？

成長是一個過程，時候未到，好東西也會叫人倒掉胃口。我第一次看梁實秋的《雅舍小品》在中二，那時不甚了了；到中五時重看，竟笑得馬倒人翻，此書也成了我最鍾愛的散文集之一，每隔兩三年就重翻一次，每次仍笑逐顏開。有麝自然香，推介好書卻也要看天時、地利、人和，切忌急進，要多點信心再加點耐心。其實看了十來本衛斯理後，我已感到厭膩，開始看其他類型的書，但沒有這塊踏腳石，就很難想像後來在信主的第一年，竟看了大約五十本屬靈書。

對於我那毫無閱讀興趣的外甥，我會選一些有趣的書給他，如幾米的《布瓜的世界》、侯文詠的《淘氣故事集》、王鼎鈞的《開放的人生》，有時先唸一兩段趣味盎然的內容給他聽，逗起他的趣味。雖然他現在仍未培養起閱讀習慣，但只要讓他保持一定的胃口，總有一天能找到那條導火線，燃起他對閱讀的熱情，用江湖人的口吻：「咱們走著瞧！」

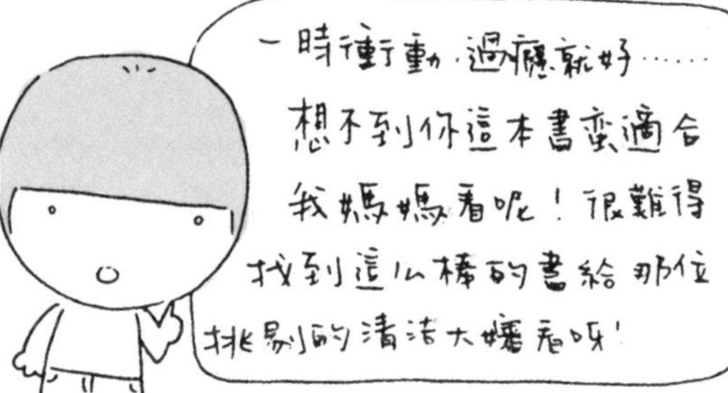
一時衝動，過癮就好……想不到你這本書蠻適合我媽媽看呢！很難得找到這么棒的書給那位挑剔的清潔大嬸看呀！
人人也可以享受閱讀的樂趣，要是你媽媽看後覺得喜欢就好了。

李小編的房間
書買回來後四处乱丢，從不把書看完，就只有買書癮，我前世作了什么孽，要替這樣的女兒清潔房間……

獨沽一味

這是一個專業主義氾濫的年代，反正那些所謂的專家一發言，咱們這些小老百姓就無從置喙。然而我跟一些專業人士聊天，不少都表示專業這玩意兒，大多是用來唬人的，特別在人文科學的領域（當然有些科目連入門都很困難，那就不在本文討論範圍）。

在同性婚姻的議題鬧哄哄時，由於沒有甚麼基督徒的法律專業人士肯回應，我只好找些談家庭法的書來啃，然後寫了一篇〈從法理角度看同性婚姻〉。其後我有分參與的香港性文化學會終於邀請到一位法律系教授講論這個題目，我竟發現他的內容跟我的文章大致相同，當然他對法律用語較為嫻熟，分析也較細緻。往後我仍然很小心，卻更有信心研究各類迫在眉睫但求救無門的議題。

這不難理解。我唸的是中國文學，甚麼經、史、子、集全都涉獵過，但經過四年的訓練後，所懂的——用一位教授的講法——不過是一部《國學大綱》而已。除了某幾個我曾專攻的題目外，一般人只要花一年半載專心看某一個文學課題的書，他在那個課題的程度，一定遠遠在我之上。

有一位傳道朋友，幾年來工餘專心研究「歷史耶穌」，把數十本重要的著作都看過，實力驚人。最近我聽一位平信徒介紹「猶太人釋經」，也是業餘的興趣，一位神學教授聽罷，就説許多神學院的老師都沒有她搞得清楚。已故的楊牧谷牧師提過，他年輕時鍾情於啟示錄，到處找書看，只要有人提起啟示錄，他就會心跳加速、面紅耳赤，彷彿別人是在叫喚著自己的名字似的。這種境界，又豈是淺嘗輒止的人所能領略？

就某單一課題，只要把重要的書看過十本八本，就已經在那個領域有發言資格，毋須人云亦云。如果教會有信徒願意分工研究不同課題，然後各展所長，譬如有人專研路得記，有人專研商場倫理，有人專研同性戀……，只要花個兩三年，我敢保證，這鐵定是一間有深度的教會。

各說各話

讀書有時要「獨沽一味」，專攻單一課題，讓自己在該範疇有一定的發言權。這不是為了炫耀，而是若不置身於意見紛陳的環境中，很難逼使自己生出一種深思熟慮的個人主見，否則不是隨波逐流，就是自以為是。

任何東西淺嘗輒止，看起來都差不多。我因作過古籍校、註、譯的工作，才知道同一句話，七位專家可以有八種解釋（其中一位同時提出兩種），教你目瞪口呆。真相有兩個可能：有一種解釋是對的，其餘七種都是「言之成理的錯誤」；又或者，八種解釋都是「言之成理的錯誤」，正解尚未發現。早已忘記那時候如何下判斷，只知道對一個剛出道的小伙子來說，那真是一段驚心動魄的日子，卻也教人功力大增。

同一段經文，翻開不同的釋經書，有時會覺得釋經家好像在吵架，讀者的責任就是從中調停，作出裁決。解經到最後，是一門藝術；不過解經的開端，是一門技術，人人可學。這好像數學公式，明明清清楚楚，用起來卻可以錯錯漏漏，即或高手也非萬無一失。我們判斷高手失手，不是自恃自己比對方聰明，而是從基本出發，以大家都共同遵守的原則來一步一步審量，而這卻有賴平常不輟的練習。

施特勞斯（Leo Strauss）對柏林（Isaiah Berlin）消極自由（freedom from）的駁斥，僅是指出支撐這觀念的相對主義價值觀，恰恰是一種絕對主義。既然所有價值都是相對的，又怎能將消極自由作為一種絕對的政治價值來捍衛？——真箇四兩撥千斤，舉重若輕。

柏林始終沒有正面回應，只批評施特勞斯竟然還「相信世界上存在著永恆不變的絕對價值」。可是，這算哪門子回應？不是迴避了相對主義的邏輯矛盾嗎？

話説回頭，施特勞斯能有這樣的眼力，難道可以單靠一門邏輯學了事？豈不是跟他經年累月鑽研古典學有關？

據説現在流行的數學教育模式，是認為只要搞清楚理論，習題反而不必多作。結果大部分的學生，理論搞不懂之餘，計算也常出錯。所以，別給時髦的説法搞昏！理論這玩意兒根本很難直接掌握，大量練習才是掌握理論的有效方法。

現時社會很注重「有自己的看法」，但個人見解若缺乏知識基礎，很容易落入自我中心的陷阱。不清楚別人的看法，如何判斷自己的看法是正確的？那些以為是創見的看法，又怎知不是在重複別人的而已？

所以，別以為「死功夫」真的是死的。

忙忙碌碌

在香港，如果你敢説自己生活悠閒，大概會招來不少鄙夷的目光；於是有事沒事，大家都要裝出一副忙忙碌碌的樣子。當然，這也是一道護身符，譬如那些原已有事奉的信徒，萬一被人發現你有甚麼賸餘時間，鐵定會找你事奉，而且需索的時間大概是你空閒時間的兩倍。

至於閱讀，大家通常都會説沒時間，當中有真有假。這兩年我的事奉日增，有時每晚要寫一篇稿，有時一天趕兩場講座，有時一晚開三場會議。我老師曾形容我是一匹駱駝，意思是我做的事情雖然好，但是慢吞吞；現在真有點駱駝跑高速公路的感覺。我有一位朋友，一天趕十幾篇稿都面不改容；但我作為一個「虛胖」的文弱書生，那一點點的事奉已常常弄得我心力交瘁，翻書乏力。

不過，朋友仍訝異於我好像有許多時間看書；主領閱讀講座時，聽眾也會問如何在忙亂的生活中抽取時間閱讀。我的答案很簡單：在你忙的內容中，有沒有包括閱讀？如果沒有，就沒有辦法了。忙，總得有個內容：忙著進修，忙著拍拖，忙著唱 K……，不可能只有忙的情緒而沒有忙的事情。由於我們對「忙」的定義是把每一分每一秒都塞滿，所以在忙以外，就不可能再有時間了。可是怎樣忙都有個優先次序，譬如我每星期都會規定有多少個晚上回家吃飯，否則任由別的會議與約會填滿後才看能否回家，就一個月都不讓回家了。說實在的，在資訊爆炸、工作壓榨的時代裏，我們根本不可能滿足所有的需索與想望，必須有所犧牲、有所保留。如果你真的視閱讀為一樁美事，就先預留時間閱讀，把它當作一回事，有別的邀約的話，就請對方改期，否則就只好等退休才開始你的閱讀大計。

跟大家一樣，我也很忙，包括忙著看書。

說三道四

常遇到這種情景：不論是自己或是別人，介紹一齣剛看完的好戲時，只會說：「很好看，很值得看！」對方問你怎樣好看，你卻講不出一個所以然來，又或是講了以後，連自己聽起來都不覺得好看。

看一齣戲，腦海裏接收了大量的影象，心裏也產生了許多感受，這些影象與感受若不能用語言表達出來，就很難與人溝通。之所以無法表達，可能是因表達能力欠佳，又或者根本未掌握當中要旨。學生作文喜歡用「非筆墨所能形容」之類的話，絕大部分是「非筆墨不能也，是自己木能也」。

看書也一樣。有時候以為自己懂了，一旦跟人談起來，就捉襟見肘，只好回家再看一遍。這種情況多了，我就愈加發覺看書後要與人分享的重要性── 分享是檢驗理解力的最佳方法；難怪老子說：「既以為人己愈有，既以予人己愈多。」中學時我常捉住朋友，強迫他們聽我分享，哪管自己講得好不好、對方懂不懂，反正就是把自己閱讀的樂趣建築在別人聆聽的痛苦之上，真箇「一將功成萬骨枯」。

如果你發現自己看完書都是「水過鴨背」，甚麼印象都沒有，好像失憶一樣，我鼓勵你找一兩個「死士」聽你分享。多講幾次後，你就能慢慢掌握閱讀的技巧，而且經過分享，對那些書的印象自然也較深刻。當然，要找「死士」不容易，而且也太殘忍，所以若能找幾個志同道合的朋友組個讀書會，互相折磨，就蠻有意思。我是因著參加一個讀書會，才有能耐把 Rollo May 的《自由與命運》啃完。

我有幾個朋友，一談起書就好像瘋了一樣，萬一講到他們擅長的領域，更是一發不可收拾，月旦臧否，如數家珍。通常我們去過一家食肆後，都不太敢再去第二趟，怕被人列入黑名單嘛。

你是不是以為讀書人都文質彬彬？我告訴你，那是騙人的。

如不嫌棄，下次你想找烈士的時候，可以找我呀！

噢，你這種犧牲精神太偉大了，我最近在啃《自由與命運》正需要一個烈士呢！

我準備好了！
那你打算帶我去哪兒吃東西呢？

原來只想吃東西……

滿腹疑雲

那年頭，沒有幼稚園這回事，一個七歲的小女孩，期待了一整個夏天，終於等到上學的日子。老師進來，劈頭第一句是：「各位同學，文化大革命開始了。」

——這是陳丹燕的《一個女孩》的開頭。剛看完余秋雨六百多頁的記憶文學《借我一生》，裏面有很大的篇幅講述他在文革的遭遇；意猶未盡，便接著看陳丹燕的自傳體小說。

我生於文革中期的廈門市，但三歲即來香港，對文革毫無印象。近幾年我開始對文革感到興趣：怎麼有這麼一段漫長的時間，在綿延千里間，有那麼數目龐大的一整個民族，全都瘋了！？要不是知道文革是一個歷史事實，那些關於文革的記述，統統會被視作無稽的虛構，因為它們比賈西亞・馬奎斯還要魔幻，卻原來，它們比賈西亞・馬奎斯還要寫實！

看過高行健的《一個人的聖經》，看過季羡林的《牛棚雜憶》……，但心裏的疑雲無從消散——文革的荒謬是無法用理性來明瞭的！我還會一本一本看下去，卻早已認定此生無法取下心裏的問號與感歎號，也恐怕只會增添更多的省略號。

猶太人與基督徒會問：「在奧斯威辛（一個屠殺猶太人的集中營）之後，我們應該如何談論上帝？」不過，作為一個人——不僅是一個中國人——我們也應該問：「在文革之後，我們應該如何談論人性？」這些年來，我對一切持天真態度討論人性的人本主義，一概抱持懷疑的態度；更對某些逃避面對人的罪性，只添加幾節經文就以為可以將人本主義「洗禮」，説成是基督教輔導或基督教教育的理論，持輕蔑的態度——我們不可能跳過文革來討論人性！

每個人的心中都有幾個「大哉問」，無從解決，因為它們正好觸碰到生命的核心問題，激盪出無窮無盡的漣漪，知得愈多，疑竇愈多，緣起不滅，纏繞一生；那跟少年人「十萬個為甚麼」的純粹知性好奇並不一樣。

我以閱讀來拒絕遺忘這個大哉問，嘗試聆聽一個又一個當事人現身説法，我需要這些作者，這些作者也需要我這種讀者，天長地久，我們都拒絕因為沒有答案而停止發問。

因為關心，所以閱讀。

黯然銷魂

我對那種一味討好年輕人的所謂青少年工作者一向不敢恭維。現在不少年輕人鍾情「聲光媒體」而輕忽「印刷媒體」，以致語文能力下降，已是有目共睹，但有些青少年工作者竟敢說這些年輕人的語文能力是「不同」而非「不濟」，然後遽下判語說上一輩的「文字人」「理性比感性強」，但這一輩的「圖象族」卻「感性比理性強」，真箇不相伯仲呢！這自然也是一個「感性比理性強」的硬拗。

這些青少年工作者大概同意一般來說，拿文字人的理性來跟圖象族的理性比較，後者會敗北。然而他們不一定肯正視，就算拿雙方的感性來單打獨鬥，後者也不一定招架得來。說「理性比感性強」，不代表感性就弱，有時更代表對方個性成熟，能收放自如。

而且這些青少年工作者大概不知道，閱讀除了可以形塑理性，同樣可以形塑感性。閱讀不一定是指那些乾巴巴的理論著作，更多是指那些文采風流的文學著作。文學作品的詞彙豐富，情感細膩，有助我們開拓情感的廣度與深度。我們因為看金庸的《神雕俠侶》，學了「黯然銷魂」這個詞，在心裏留下了痕迹（這當然不是電視版楊過擺出一個黯然銷魂的「蒲士」所能媲美），待有一天這種情緒真的在心裏浮現，我們就能為其定位，較易知道該怎樣面對，否則一股莫以名之的情緒憋在心裏，怪難受啊！在輔導的過程中，我們常要幫助受助者找尋一些合適的情緒字眼，目的也在此。

少年人都會經過「為賦新詞強説愁」的階段，然而這些愁緒還是有深淺之別。人生有限，不可能甚麼事情都親身經驗，然而讀過張愛玲《半生緣》這一類作品，自然對人生的種種無奈難堪有更深的體味。不過，就連才氣縱橫的許鞍華將張愛玲的作品拍成電影，都被評為失真，而失真的部分又偏偏是張愛玲文字精微之處，可想而知人生的深邃迂迴，根本不是影象所能捕捉的。

聲光裏的感性比書寫出的感性予人較「強烈」的感覺，然而圖象族卻往往比文字人的感性來得「浮淺」，因為他們所謂的感性常常是一團雜亂無章的情緒。

心狠手辣

電影《黃飛鴻之男兒當自強》講到十三姨收養了一隻自來狗，不知就裏的梁寬竟宰了牠來煮「三六煲」，還拿來孝敬師父。正當兩師徒吃得唏哩嘩啦之際，十三姨尋找失犬竟尋到兩師徒的「狗窩」來，梁寬支吾以對，十三姨不虞有詐，臨走前隨口問了句：「阿寬，你喜歡狗嗎？」作賊心虛的梁寬説：「……喜歡，……不過喜歡的方法不一樣。」

一位作家説，因著祖父從小教導她要愛惜書籍，一本書看完後，要仍然光潔如新，所以她學會尊重書籍，立志寫作。早年我也奉行相同原則，甚至連精裝書也要外加包書膠，只是後來書買得愈來愈多，包不勝包，就放棄了。

後來覺得這種愛書的方法不適合我，如果不劃線，寫文章時要翻查某段資料就很困難，而做讀書卡片又很費時。這件事困擾了我好一段時間，最終，我決定破戒！

無論好事、壞事，最難下手就是第一次，過了第一次，一切都彷彿變得理所當然。一次生、兩次熟，從此手起刀落，要劃線就劃線，要摺角就摺角，要眉批就眉批。上次去台灣開研討會，為了讓行李箱騰出更多空間放新書，我就把講課時要用到的那一章資料，整章從書中撕下來。講課時學生看到，嚇了一跳，我只好為他們講了《黃飛鴻》的故事，解釋我也是個愛書人，只是愛書的方法不一樣。（當然我沒有提到沖泡杯麵時，我最喜歡將書放在杯蓋上，防止漏熱；至於杯麵吃起來是否更有「書香」，就不得而知。）

一本書動不動就洋洋灑灑的十數以至數十萬言，我一年要看那麼多書，寫那麼多文章，而我的記憶力又那麼有限，只好下此毒手，才能將那些精華據為己有。我安慰自己：書是為人而寫的，人不是為書而生的。

有人因溫情脈脈成了作家，我是因心狠手辣而成了作家。

藏書心事

最近搬家，忍痛丟了一部分書，讓新居騰出多一點空間。對藏書者來說，書籍的購買、閱讀、保存、丟棄，都牽動著他的喜怒哀樂。

原初以為藏書中最多的是神學書，怎料上架時，才發覺仍是以文史哲為主，除了大學時節衣縮食的大量入貨，還因畢業多年我仍保持對本科的關注，看見有好書就買，留待空閒時拿來看——不過，空閒時間絕少出現。這兩年最興奮的是買了余英時的《朱熹的歷史世界》上下兩冊。

朋友見我談起性文化就眉飛色舞，都以為我熱中此道，但套用一位友人的話：「在基督教靠性聞名，都幾羞家。」這幾年我投身性文化的事奉，只因這方面有需要而我又勉強有能力去做，所以義不容辭。「非我惟主」，上帝的召命總是比個人的意願為先為高，那是一種順服，但順服不等於沒有掙扎，甚至是長期的掙扎。

今年去台灣參加性文化研討會時順道探望老師，感到他對我沒有上研究所一直耿耿於懷。我是他最疼愛的學生，卻沒機會接續他的宋明理學研究，對雙方來說，都是憾事。兩師徒走進錢穆故居「素書樓」參觀時，我想起錢老也撰述過不少宋明理學的研究，如今人去樓空，頓覺世事虛無縹緲。

我不相信新儒家那一套，也不相信宋明理學在今天有甚麼功用，我只是喜歡宋明理學，那是我的偏執。而心底裏，我喜歡當一個既偏執又不切實際的人。

「美滿人生」是一種烏托邦式語言，現實人生總有遺憾，我們要有某一方面的成就，就得放棄很多方面的興趣。機緣有巧合的成分，那些被迫放棄的興趣，不見得就是次一等的想望。「遺憾」是一個人生真相，而這個真相，原來在推動著人生。

如是說來，一個書架就有兩個我：看過的書，塑造現實的我；沒看過的書，反映理想的我。我們毋須介懷書買了不看（至於有人以購書來自我炫耀，就另當別論），那些沒有看過的書，原是藏書者對自我的一種想像，而這種想像，讓人不致陷溺於現實，反倒營造出一片潔淨空闊的心靈空間，老子說：「有之以為利，無之以為用。」有無之間，若即若離。

那些沒有翻過卻不忍丟棄的書，凜凜然在書架上寂寞地守候著，那是一種姿勢，告訴自己：生有限，但仍有執著。

被森林所擁有

被森林所擁有

多年前參加有關網絡書店發展的講座，主講者躊躇滿志，認為網絡書店將改變讀者的購書形態。講座後一位朋友說：「哎喲，香港已經沒有甚麼休閒好去處，現在連書室都說不用去，難道要困在家裏悶出蘑菇來？」

主講者大概不明白網絡書店的真正優勢，也不明白購書者的心理。書作為一種物質的存有，同樣會使購書者產生一種戀物情結；有時候，摸一摸、翻一翻，已叫人怦然心動。每當從繁囂中闖進書店的那一刹那，我都會感到那份被書包圍、與書同在的和諧與踏實，如同從都市倏忽進入一座森林似的。那種感覺，是會叫人上癮的。這又豈是似有還無的數碼書店可以比擬的呢？

書店塑造閱讀品味

數碼書店的藏書量可以無窮無盡，但一般書店正由於地方有限、藏書有限，那個篩選的過程，就顯出一種個性來。任何東西淺嘗輒止，都覺得差不多，但常逛書室的人，就會分辨出樂文、榆林、田園等二樓書室的微妙差別。即或是基督教書室，縱然同是售賣屬靈書，但因著書室的裝潢、入貨的標準、店員的態度，所予人的感受也大有不同。於是同一本書，在不同的書室購買，只要買與看的時間不要相差太遠，彷彿就有那麼一點點不同的閱讀期待，產生那麼一點點不同的閱讀領受。不同的書室，在塑造著不同的閱讀品味。

書緣與人緣

書緣有時始於人緣。當年放了學去自修室之前，總先跑去北宣裏的宣道書室，大喊一聲：「羅太，我又來了！」然後丟下書包，或走去別的地方逛逛，或坐下來跟羅太聊天——那些少男少女的荳芽夢，當然是熱門話題。後來羅太去了差會事奉，接手的是美君，我繼續「吱吱喳喳」，有時又當起義務店員來，還常常向客人介紹有甚麼好書。我在天道書樓當過兼職店員，在台灣唸大學時又在台北靈糧堂的圖書館當過工讀生。我得說，甚麼樣的店員，就有甚麼樣的顧客。有一次我去一間基督教書室，問店員有沒有巴刻的《認識神》，對方竟然既不知其人又不知其書；又據說有人去書室問有沒有長者事工的書，對方致電給其他門市的同工查詢後，竟然拿出一本王明道的《五十年來》！這一類的書室，選書的質量通常很不理想，也很難建立起跟愛書者的連結，遑論培養愛書者。

新鮮感

有些書室每次去都給人新鮮的感覺，因為她們懂得將新書放在當眼的地方，又定期有些主題書籍介紹。百老匯電影中心內的 Kubrick，就曾定期邀請作家推介書籍，當你翻開那些書籍，會發現裏面藏著一張便條，寫著那位作家的簡單推介。這時讀者難免暗道：「嘩，陳慧介紹的書，值得一看喎！」反之，有些書室十年如一日，所以縱然她近在咫尺，也挑不起你的勁去拜會一下。其實很多促銷的方法都所費不多，端在乎書室是否心思細密，捉住讀者的心理。否則只能靠減價來促銷，對書室對讀者都不健康。

另一種可能性

講錢失感情，還是繼續談書好了。逛書室最叫人精神一振的，就是說出「哈，原來連這樣的書都有！」的時候。你突然發現你的世界又稍稍拉闊了，書的內容雖在情理之中，卻在意料之外，令人認識到知識和書寫的另一種可能性。

•••

不過書太大人太小，愛書的人永遠無法擁有整座書籍森林，所以他們必須頻頻闖進森林，被森林所擁有，尋找片刻的和諧與踏實。每一間書店，都只是屬於這座書籍森林的一小角落。而這些角落，雖然同屬一座森林，卻又千差萬異，各有個性。同一朵花，開在不同的角落，就有不同的美態。於是，有人喜歡到處走走，有人則明知無法走遍森林的每一處，所以選定某幾個角落，反覆觀賞，細味那細微卻萬千的變化。佇立其間，你彷彿就擁有了整座森林。

書店應該是一個安靜優美的森林呀，你的書店經驗是怎樣的呢？

？？？

我告訴你哦，二十年前我最常到北角的宣道書室，可是哪，有個該死的胖子下課以後就到書室打扰讀者，去書店要避開這些無聊人，不然就麻煩多多了。

你又在趁机損我罷了…

為白紙黑字辯誣

多媒體如電影、電視、電腦、互聯網、電子手帳的興起，大大拓闊了資訊傳播的功能，解決了過去不少的傳播阻礙，甚至開拓了人類的思維空間，不少人隨即宣告一場知識革命的來臨。

多媒體與印刷媒體各擅其長，如果互相配合，的確能大大提高學習效果，可惜的是，一些對媒體特性、人類思考模式一知半解的人，卻在香港社會和教會散播一種講法，説年輕人喜愛圖象、不愛文字，強於感性、弱於理性，所以我們應配合他們，多製作多媒體產品、多辦些感性活動，不要要求他們閱讀長篇大論、講求邏輯分析的文字，反正順此者昌、逆此者亡。這些人認為，年輕人絕非「不濟」，只是「不同」於上一代；大概他們以為，多媒體（圖象）既然比印刷媒體（文字）powerful（威力強勁），讓年輕人掌握前者，不是更好麼？

仍然需要閱讀

必須指出：這完全一派胡言，甚至會變成對年輕人的一種詛咒。因為沒有人天生就會閱讀，也沒有人天生就不會閱讀，閱讀能力和習慣是需要學習和培養的（即使少數有閱讀障礙的人，也能經訓練而有所改善）。整天說年輕人不喜歡閱讀，只會使成年人和年輕人自己都主觀地認為他們不愛以至不能閱讀，失去改善的動力，最終變成一個自我圓現的預言，產生更多「識字的文盲」——有基本的識字能力，卻缺乏能耐完整讀完一本書，致使失卻自學能力。

就在多媒體日益佔據我們生活各個層面之際，經濟合作發展組織（OECD）於二〇〇一年底公佈的國際學生評量計劃（PISA），卻視十五歲的少年人的閱讀能力為檢驗教育體制和未來人才競爭力的重要指標，英國媒體更喻之為「教育界的世界盃」。

現時本港流行多媒體學習，這對學生大有裨益，然而我們必須認清它的限制在哪裏，否則適得其反。一個實驗指出，「請國中老師觀看 Discovery 頻道的節目，並在看完之後上台講述內容。結果發現許多老師看了三遍，仍然無法完整表達所看到的內容；但如果讀的是文字腳本，他們卻讀了一遍之後，就有辦法上台講述。」[1]

為甚麼會這樣呢？腦神經科學家洪蘭指出：「閱讀時，神經迴路活化的程度比看電視來得深。原因之一在於，閱讀時，我們會主動搜索信息，遇到語意不明、模稜兩可的詞彙……我們的眼睛會立刻回歸到前面讀過的句子，尋找文意脈絡解讀這個雙意詞在文中真正的含意。因此，閱讀時，我們大腦其實在不斷地進行深層分析。」[2] 閱讀跟聯想力、創造力、感受力、理解力、記憶力，都有極大的關聯。「認知心理學出身的曾志朗強調，學生在網路世界裏思考日趨圖象化、零碎化，閱讀在此刻顯得更重要，閱讀的敘事力量能整合孩子的表達與想法。」[3] 所以，閱讀能力比學歷，更能準確預測一個人在職場的發展。

多媒體的互廢武功

任何媒體都有其限制，明白其長處與短處後才能善用。證諸歷史，任何新興媒體興起時，其功能往往被業界過度吹噓，而其限制又未及在短時間內浮現。彩色電視可完全取代黑白電視，因那是電視媒體自身的改良；但電視卻不能完全取代電台，因那是兩種媒體。不同的媒體有不同的使用特性，有時候一種媒體的「缺陷」正是其優點，收音機不能傳遞影象，正好方便使用者一心二用，如一邊駕車一邊收聽，這類使用場景是電視無法取代的，而且有些資訊即使沒有圖象也可準確傳遞，有了反而產生干擾。新媒體的興起的真正意義是使資訊「分流」，讓各類異質性的資訊得到最佳的傳播途徑。

多媒體似乎能整合各種基礎媒體（文學、音樂、繪畫），卻在過程中互廢了對方部分武功，而被廢的部分又往往是單一媒體殊勝之處。譬如將小說搬上銀幕，無論如何「深得原著神髓」，都會讓人有失真之感，那就是因文字的含混性、開放性正好提供讀者想像、參與的空間，文字必須加上讀者的詮釋才得完全，一百個人看《神雕俠侶》就有一百個小龍女的形象。

過猶不及

《數位革命》作者尼葛洛龐帝指出：「多媒體的表現方式很具體，因此愈來愈難找到想像力揮灑的空間。相反的，文字往往能激發意向和隱喻，使讀者從想像和經驗中衍生豐富的意義。」[4] 文化評論家南方朔如此評論多媒體所承載的圖象文明：「圖象是一種官能性感動的表徵，圖象直接刺激感官，沒有任何遮掩，不必其他詮釋，圖象是一種自足的媒介。然而，世界的構造並不是單一的圖象構造，世界有它歷史性的延續，有太多無法圖象化的意識、欲望、非意識、以及語言和文字都無法掌握的實在性。這些面相是無法化約為圖象的。」[5] 多媒體善於提供現實世界的知識，而文字則優於傳達概念性知識，所以我們必須認清：在真理的傳達上，文字有其不可或缺的優越性，是圖象所無法取代的。

圖象包含的信息雖多於單純的文字，卻因為太多，容不下受眾有多少的反省空間，所以顯得霸道。圖象呈現一種毋須刻意學習的被動接受形態，而圖象文明也有其局限性，所以我們不禁要問：我們有必要錦上添花的鼓勵本已沉迷其中的年輕人更多閱讀圖象嗎？不好好培養年輕人閱讀書籍的習慣，只會使他們得不到整全的智力發展。圖象雖然也能傳達深邃、感性的內容，但接收者同樣需要經過言語才能將其意義表達清晰，無法用言語詮釋的感性只會變成一種莫明所以的情緒。當然，推動多媒體的人還不至於否定文字閱讀的重要性，只是現在普遍瀰漫一種踐踏文字以抬高圖象的氣氛，只會助長年輕人為自己不看書找藉口，甚至誤以為可以以多媒體取代印刷媒體。

故此，在e世代我們更應提倡書籍閱讀，因為閱讀是一種累積的技能，愈多閱讀愈會閱讀，停止閱讀也會使閱讀的能力退化。閱讀，才是新一代的知識革命。

註　釋

1　洪蘭：〈活化大腦，激發創造力〉，收於齊若蘭等：《閱讀——新一代的知識革命》(台北：天下雜誌，2003)，頁74。

2　洪蘭：〈活化大腦，激發創造力〉，頁73。

3　李雪莉：〈打造閱讀的秘密花園〉，收於齊若蘭等：《閱讀——新一代的知識革命》，頁96。

4　轉引自齊若蘭：〈心靈的遊樂場．一生的領航員〉，收於齊若蘭等：《閱讀——新一代的知識革命》，頁67。

5　南方朔：〈反「大眾文化」論：從「文字族」到「圖象族」〉，《「反」的政治社會學》(台北：萬象圖書，1995)，頁161。

篩選力——
資訊時代的求生技能

我這個人雖然不擅掃地，卻很會掃興，有一次聽見一位母親誇誇其談，說她兒子如何厲害，竟然懂得上網找來大堆資料寫報告時，我就近乎反射作用的說：「那不是妳兒子厲害，而是網路厲害呀！連我這個電腦白痴都每天在做的事情，可以有多厲害？」

網路是一個寶庫，使資訊爆炸的幅度更形廣闊，但過度依賴網路，也有其不足處，必須留意：

- 第一，人有惰性，當網上資訊那麼便於搜索、數量又那麼龐大，就容易使人產生錯覺，以為網路已經包羅萬有，有意無意地將其他的資訊——甚至包括需要付費的網上資訊——當作不存在的知識。網上有大量資訊，但「大量」不等於「足夠」，而「足夠」也不必是「大量」。

- 第二，閱讀網上資訊，難以建立系統化的思考。認知心理學家曾志朗説：「現在的小孩從網路上學到很多片面、零散的知識，説起話來滔滔不絕，好像懂得很多，可是卻缺乏故事的語法、沒有結構性的串聯、不懂因果關係，也缺乏舉一反三的能力。惟有透過閱讀，才能讓他們產生想像力，將知識串聯成一個結構。」[1]
- 第三，網上資訊良莠不齊，垃圾資訊（不只垃圾郵件）成為資訊世界的一大問題。其實現代社會媒體發達，每天需要龐大的資訊量才能填滿各個版面和時段，形成許多媒體不經過濾，以「有資訊」、「多資訊」就是「好資訊」，照登不虞。

職是之故，我認為現在的學校沒有必要整天叫學生上網找資料，何況「上網搵料」愈來愈簡單，即使對資訊科技沒甚麼認識的人，只須稍稍指點，一下子就能掌握其竅門要訣，沒多久就游刃有餘。很多人在網上找來一大堆資料，未經消化判斷，胡亂拼湊一下就以為能寫出「資料詳盡」的東西，一味以量取勝，卻不分辨當中的資訊是否真偽羼雜，遑論提出精闢的觀點。在資訊氾濫的情況下，「篩選力」也許要比「搜尋力」來得更基要，因為不經篩選的稻米，只會吃得你一口沙石。我們既説要「篩選」，就以篩子為喻吧：

- 第一，要篩的東西愈多，篩子的面積也應相應增加，這表示我們要有「寬廣的背景知識」。我們看精彩的偵探小說，會發覺主角總是因著知識豐富，能於別人視而不見的地方發現線索，繼而蒐集資料、數據，鎖定偵查範圍。（至於「水皮」的偵探故事，主角就只能靠「第六感」〔臆測、瞎猜？〕或線索的主動招手，也就是在「等運到」。）國內曾有一宗案子，探員是從匪徒留下的便條的行文中，推敲出匪徒的知識階層，將偵查的範圍大幅收窄，極速破案。背景知識寬廣，能使人觸類旁通、舉一反三，於無聲處聽驚雷。
- 第二，篩子的密度要大小適中，才能去粗取細，這表示我們必須熟悉各門學科的方法論、規範，因為若缺乏準繩，就容易以為公說公有理、婆說婆有理的相信了一大堆歪理。現代社會相信「沒有研究（數據），沒有發言權」，卻想不到有些人想要怎樣的數據，就會做出怎樣的調查來，出現了一種數據的暴力。前一陣子有團體發布蔬果含殘留農藥嚴重超標的報告，造成一些社會恐慌。其後有學者發現該團體所採用的測試方式根本違反常規，譬如該團體只計算蕃茄皮的含藥量，而非按常規將皮連肉的一併化驗（試問有誰吃蕃茄只吃皮？）。這提醒我們，雖然現時資訊愈來愈容易蒐集，但蒐集者卻必須愈來愈謹慎，不能盲目地相信數據，必須考慮研究的方法、取樣的代表性等因素，要在方法論上下一番苦功。但這是否提高了蒐集資訊的門檻呢？是的，因為沒有研究就沒有發言權！

必須指出，現代社會無論在網內或網外，都正進行著無數的信息戰爭，不同的利益團體都在努力散播有利己方的資訊，當中不乏大膽假設、無心求證的言論。撒謊容易拆謊難，撒謊者可以不學無術，拆謊者卻必須具真憑實學，這著實要求我們有更寬廣和更深刻的知識基礎。

網路世界鼓勵我們讀得快、讀得多，但篩選力的訓練卻要求我們讀得精、讀得深（這常常意味著要讀得慢），先要逆水行舟，才能乘風破浪，而我相信這才能煉出一雙能辨妖識奸的金睛火眼來。

註　釋

1　曾志朗：〈伴我入夢：談夜夜閱讀之樂〉，收於曾志朗、洪蘭著：《見人見智》（台北：天下文化，2006），頁 186。

不懂轉呼拉圈的書
沒人看哪！

讀甚麼，就變成甚麼

上帝藉「言語」創造世界、基督「言（道）成肉身」，基督教從一開始就與文字有千絲萬縷的關係。剛踏進二十一世紀的此刻，影象文化方興未艾，基督徒除了要運用新媒體傳揚佳音外，還要透過真理的啟迪，釐定文字與影象的關係。

有些人以為文字會被邊緣化，其實，影象無法取代文字的地位，卻可以分擔文字的工作，讓文字更展所長。打個比方說——

在一所資源不豐、學生不多的鄉間學校，中文老師須要兼教其他科目，也許他仍然勝任，卻始終是權宜之計。後來鄉村變成城市，資源日豐、學生漸增，學校自然增聘各科的老師，中文老師就可專事詞章、義理、訓詁之學。這不是說他從此就會荒廢其他科目，畢竟還有代課的機會嘛！而且兼教多年，經驗與功夫恐怕不在新手之下。至於他是否遭「去權」、「邊緣化」，就看你從哪個角度看。

心理學家早就告訴我們，思考靠概念，概念靠文字符號；所以，沒有文字符號，連思考都有困難。父親指著一隻狗向小兒子說，「這是狗」；小兒子就以「狗」這個文字符號來承載「狗」這個概念。不久，一隻貓出現了，這時小兒子或會將「貓」這個概念歸入「狗」這個符號所指涉的範圍內；又或者，他只會指著那隻貓，然後「這個」前、「那個」後的跑去問父親那是甚麼。貧乏的語言，造成貧乏的思考。掌握了語言、增加了詞彙，就同時擴闊了思考的空間。

有一位女士因長期胃痛求醫，檢查後發覺胃功能很正長，幾經轉折，才證實她長期精神抑鬱，但由於缺乏情緒的詞彙，無法表達，便將精神問題誤作身體問題。原來連情感也需要語言的幫助來確立，否則就會變得蒼白。多念詩詞歌賦，情感也變得細膩些；語言，同時在塑造我們的人性。讀甚麼，就變成甚麼。所以，提倡閱讀不是為了讓我們自覺高人一等，而是幫助我們清晰地了解自己的景況。

語言，當然不止於詞彙，文法的結構、修辭的技巧、情感的描繪、概念的闡釋……，在在都在拓闊、探尋人們的意義世界。閱讀，讓我們站在巨人的肩膀上展望世界。除非我們能放棄藉文字符號來思考的模式（可能嗎？），否則文字就有其不可取易的地位。

無疑有時一張圖片勝過千言萬語，看半小時旅遊專輯勝讀厚厚一本遊記，我們也得承認文字在某些場合的確捉襟見肘，但憑此就說她是老弱殘兵，未免失實。有遇過以下的情況嗎——

甲看完了一齣電影後，對乙說：「那齣電影好好看啊！」乙問：「怎樣好看？」甲說：「唉……反正就是好好看，你去看看就知道啦！」

在某些情況中，影象傳達信息的效用的確較文字為高，但詮釋影象背後的信息，仍是有賴語言；而人與人之間的交往、互動，仍是以文字為主，我們總不會畫圖交談吧！事實上，將信息影象化的過程，就是將文字圖畫化，沒有文字，連影象的製作亦會出問題。

人生有很多的向度，至今仍有賴文字才能闡釋清楚：複雜的情感世界，需要細緻的文字來呈現；精密的理性世界，需要準確的文字來表達；奧妙的靈性世界，需要深邃的文字來啟示……。書本，成了一張張的地圖，讓人尋幽探勝、按圖索驥，免入歧途、少走冤枉路；而一些千錘百鍊的好書，更成為地理座標、海上燈塔，讓我們超越時間與空間的限制，接通古聖今賢的心靈，以簇新的視野，觀照世道人心。

也許有人會這樣想：「就算我們承認文字的重要性，但在資訊爆炸的年代中，新的資訊我們還來不及看，哪有餘暇閱讀厚厚的書本呢？」

但我們要問，所謂爆炸的資訊，到底是繁瑣的資料，還是深邃的靈性？我們的生命，到底是在繁瑣的資料中被切割，還是在深邃的靈性中得到統合？

「有資訊」不等於是「好資訊」，每一天我們都要接觸一大堆的「垃圾資訊」。閱讀甚麼樣的資訊，就變成甚麼樣的人。如何篩選過濾、去蕪存菁，也就成為自我塑造的一大難題；而釐定去存的準則，又從何而來呢？

我們當下以為「理所當然」的「理」，會否只是意識形態（一個更貼切的譯法是「意底牢結」）的產物？當大家都熱中於「腥色偽」的社會文化時，我們是否有信心和勇氣不跟著大隊走呢？我們的信心從何而來？我們又從何而來一個立足點來自我批判呢？優質的閱讀，正好讓我們疏離、抽離於當下的時空，從一個不一樣的視野反省我們的處境——我們永遠須要從一個第三者的角度來反省生活。

至終，閱讀成為一種生命的操練。「人在江湖，身不由己」是一種講法，「乘風破浪」、「逆流而上」是另一種講法，端看你如何經營自己的生命，而閱讀，正是上帝給你的五千銀子。

讀什么，就變成什么
這實在是天大的喜訊！
讀《白雪公主》，
就變成白雪公主
實在太好了！

當天晚上

讀什么

就變成什么

怎樣讀，就變成怎樣的人

來篇千言萬語

中學時的一位中文老師是作家，他寫專欄的一個習慣，讓我受益無窮。如果限字三百，他會先寫五百，再刪改為三百，將裏面的冗字、冗詞、冗意一一刪除，讓文章小而彌堅。大凡名家散文，皆能以有限的字數表達豐富的意象。

到大學時，常要啃一些大部頭的著作，也開始寫研究報告。縱然一向以為「小就是美」，文章卻愈寫愈長，動輒萬言，似乎在背道而馳。慢慢發覺，言簡意賅與洋洋灑灑並無衝突，一個看起來簡單的問題，往往盤根錯節，長篇大論不是要將問題複雜化，而是要避免將問題簡化。現代人講求感性缺乏耐性，最好你六百字內就幫我處理好一個複雜的問題，再多的話，我就沒有興趣、也缺乏能耐去看。但現代社會的問題錯綜複雜，並非簡單地一刀切就能處理好（能就好了！）；來箇千言萬語，並不為過。有時，簡單與淺薄是同義的。

為何後勁不繼？

後來當編輯，試過邀稿千二字，但作者寫到八九百字後，就顯得後勁不繼，拖拖拉拉。不是因為題目無從發揮，而是作者思考容量不足，無法再下一城，「舊學商量加邃密，新知培養轉深沉」。台灣作家南方朔說過一段很有意思的話：「這個世界從不缺少進步派和保守派，但絕大多數都是進步得沒是沒非及保守得沒道理，前者媚俗，後者頑固；舉世滔滔，能夠保守得有道理，而且堅守不渝者殊不多見。」我們都討厭教條式的教導，然而若缺乏思考深度，就只能說出教條式的教導。

《戰爭與和平》之後

讀和思、讀和寫，是有連帶關係的。一個只看短文，或者閱讀時「水過鴨背」的人，很難作細密的思考，寫較長的文章。閱讀可以鍛煉思維，因閱讀是一個頗複雜的心理歷程，完整的閱讀要經過字面理解、詮釋、評論和創造思考（即提出新見解或新答案）的過程。所以，不單讀甚麼樣的書，就容易變成甚麼樣的人；連怎樣閱讀，也同樣有模造的作用。

閱讀長篇大論時的能耐，能增強我們思考複雜問題時的能耐；閱讀的長度同時可擴闊思考的長度。吳宗文牧師更說：「若一個人能有足夠持續力把托爾斯泰（Tolstoy）的《戰爭與和平》（*War and Peace*）這部沉悶譯本閱畢，這人就可以被訓練成為一個處事很有毅力、意志力和持久力的人，這是學校沒能力訓練出來的。」

有冇慢讀法？

不過，讀同一本書，有人「依然故我」，有人「脫胎換骨」，因為有人走馬看花，有低迴不已。我們看書時有多深刻，思考也有多深刻。釋經學的老師要求我們處理一段十來節的經文時，起碼花上兩個小時來觀察字面意思，而這，還未算解釋和經文應用的時間呢！我們不打算當學者，也不可能常常這樣看書，但我們總會遇上一些有韻味的文章，或者深刻的觀念，似乎與你的生命相應，正呼喚你靜靜佇立、細細玩索、寫下心得，這時候你應該順服心靈的呼喚，管它花了你好幾天甚至更多的時間；咬一口清甜爽脆的蘋果，勝嘗半籃子過期的爛橘子。

現代人一個淺薄之處，就是一碰到稍有難度的書（俗稱硬書），就說：「看不懂啊，不看了。」如果整本書你都看得懂，你還看來幹嘛？豈不是原地踏步？一本書若有七八成看得懂，剩下兩三成就可以依上文下理來推敲，還有不懂的，暫且放下也無妨，說不定它已藏在潛意識裏，靜靜發酵孕育，待某個意想不到的時刻，併發出光亮。如是，我們才能在閱讀的過程中不斷提升自己、深化靈性。一向強調要把概念、問題弄清楚的哲學家卡爾・波柏（Karl Popper），在一次有關速讀法的講座中，竟不識趣的問講員：有沒有一種緩慢的讀書法？

閱讀大觀園

但有時候，一本書的好處並非看一次就看得出來，所以精讀與重讀，是一對要好的伙伴。除非是閒書或壞書，否則重讀都一定會有收穫，尤其是較艱深的部分，通常要看兩三遍才能明白。一位神學教授就說，馬丁・布伯（Martin Buber）的《我與你》（*I and Thou*）通常要看六七遍，才看得懂。偏偏我們一生中最有機會重複閱讀的書，往往就是那些讓人倒盡胃口的教科書，真是徒呼奈何。加上現代人重量不重質，淺嘗輒止，縱然是好書之徒，也只關心「讀了多少書」，而非「讀通多少書」。重讀的藝術，愈來愈少人欣賞。我認識一位博學多聞的教授，他說：「我最佩服那些耐得住寂寞的古人，一輩子就在幾本經典裏鑽，讀通為止。」

除聖經外，我們會否有幾本深愛的名著，每隔兩三年就拿來讀一遍，印證一下自己在這段時間進步了幾許？有位老先生自十八歲起，每年把《紅樓夢》看一遍，我想他每次閱讀所產生的不同感受，已是一個大觀園了。凡是經典名著，都是一個無盡寶藏，每次閱讀都有不同的啟迪。

學跑步

讀厚書、讀硬書，精讀、重讀，都是一些不合時宜的讀書法。我們不是要把閱讀變成一件苦差，不，在大部分情況下，我們都應該保持閱讀的樂趣，看看閒書，讀讀小品，才能將閱讀化為一生之久的習慣，它們也同樣能培養生命的情調。這裏只是想說：懂得走路後，總要學學跑步，身體才會強壯。

不要讓孩子孤獨地閱讀

台灣文化評論家南方朔在〈童話故事與「共讀」傳統〉(《聯合文學》190 期，2000 年 8 月）一文提到，歐洲由十六至十八世紀，從中上層階級至普羅大眾，都以「家庭閱讀」為主要閱讀形態。夫婦之間、父母及子女之間，固定以朗讀方式一起讀書；後來延伸出「睡前讀故事」的傳統。

「家庭閱讀」不是一般的閱讀，而是一種「共讀」，也是早期的教育模式之一。由於它逐漸成了一種文化習慣與體制，因而創造出市場，使得「童話故事」這種新興的文類應運而生。因著「共讀」的需求，童話故事不是單純的兒童故事，卻多是老少咸宜的幻想故事。所以童話文學經常大大的一本，而且故事複雜，與大人書相差無幾。上流社會的識字階級，無論男女都樂於創作童話。童話作家可以受到讚譽，名成利就，聲望絕不低於任何文豪。童話故事在社會上的位階極高。

南方朔的文章給我們諸多的啟發。無論如何指責年輕一代重圖象輕文字，他們絕對不會因我們的責罵而變得愛閱讀；相反，責罵只會令閱讀變成一種懲罰。

閱讀可以鍛煉思維，因閱讀是一個頗複雜的心理歷程，完整的閱讀要經過字面理解、詮釋、評論和創造思考（即提出新見解或新答案）的過程。不過，既然過程這麼複雜，我們很難要求小朋友獨個兒完成。何況，一個人的閱讀素養要花多年才能建立起來，所以——閱讀應由家庭做起。

原來嬰兒在出生前，聽覺已發展完成，他在母腹中聽慣母親的聲音。父母對小朋友唱兒歌、説話、唸書，就是為他散播閱讀的種子，因為書面語言在一定程度上是以口語為基礎發展起來的，兒童通過口語而學會書面語。四歲是兒童對書面語言最感興趣的年齡。一個人在十歲以前，要是沒有養成閱讀習慣，以後要補救，就比較困難。為人父母者，應該好好把握這培養孩子閱讀興趣、能力的關鍵期。

是的，我們的閱讀文化先天不足，後天不良，前景堪虞，晚景淒涼；對許多父母來説，讀書不是一種樂趣，只是求名求利的過程而已。孩子不乖時，父母叱責：「入房讀書，今晚罰你不准看電視！」孩子乖時，父母説：「獎你今晚看兩個小時電視，再入房讀書。」書本淪落為一種刑具！當然，更多的父母早就放棄教導，讓電視陪伴孩子成長。

倘若我們真心相信閱讀是一種好習慣，幹嘛我們自己不閱讀，幹嘛我們要讓電視來哺養我們的下一代，幹嘛我們不跟孩子一起閱讀？一九六〇年，日本一位兒童書作家發起「親子讀書運動」，要求父母每天最少陪孩子看二十分鐘的書，結果扭轉了當時兒童以漫畫為主要精神食糧的情勢，最後成為一個社會的再造運動。日本能，我們不一定能，但最少應自我期勉，知其不可為仍盡力為之。

最後，我也請我們的教牧、神學工作者想想，劍橋大學教授、基督教思想家魯益師（C. S. Lewis），為何會寫起「那裏亞故事集」（Chronicles of Narnia）等童書來？過去我們不重視童話故事，到底反映的是一種成熟，還是一種幼稚？也許，神學可以是高頭講章，也可以是童話故事。

老老實實地閱讀，才有真真實實的創意

左右逢源，衝上雲霄

先講個好消息給喜歡打電子遊戲機的年輕人聽：原來一個人「打機」的能力，跟他能不能駕駛飛機有很大的相關性，因為現在的電子遊戲以三度空間為主，所以常「打機」有助提升空間能力。

提出「多元智能」的哈佛大學心理學教授伽納（Howard Gardner）認為，人類有九種智能，包括語言、邏輯、空間、身體、音樂、人際、自然、靈性和個人智能，有別於只著重智商（IQ）的傳統學說。伽納的理論，大大開闊了人們對教育與工作的視野，印證「行行出狀元」這句老話。

再講個壞消息給想當飛機師的年輕人聽：除了空間能力外，飛機師一樣要有很好的語文、邏輯、分析能力，這都不是從「打機」可以學來的。一架飛機有左右兩翼，必須並肩合作，才能衝上雲霄。

多元社會需要多元的人才，所以強調創意與特殊才能的發揮，然而支持著各項表層成就的底下，還是有個基礎結構，就是——閱讀習慣。「耶魯大學的史登堡教授在他的『不同凡想』中曾説過，創造發明不需要深厚的知識，它需要的是足夠知識與無限的想像力，再加上『毅力』，孩子就一定會成功，因為智慧不是成功的必要條件，毅力卻是。他也強調廣泛知識背景的重要性，因為沒有知識背景的想像是空想、幻想，而基於知識背景的想像便是創意了，因為它有實現的可能性。」[1]

推動閱讀，從我開始

綜觀今天的社會，常把破壞成規當作創意；而且惟新是好，對事物缺乏深度的認識與檢視，長遠來説對下一代的害處多於好處。若要為社會、教會培養下一代的人材，推動閱讀、培養深度思維是不可少的，以下是一些的建議：

火熱的心

父母、教牧或推動者本身先要有閱讀的習慣與熱情（不包括報章及八卦雜誌），否則難以提供協助。在一個複雜萬變的社會中，一個不愛閱讀的人，很難不斷自我更新；一個不愛閱讀的教牧，很難提供適切有效的牧養。閱讀不只是一種技巧，更是一種生活態度，同樣需要以生命影響生命。一些家長只管帶孩子逛玩具店，卻很少帶他們逛圖書館、書店；為孩子在家裏開闢玩具角，卻沒有建立一個像樣的書櫃，只會得不償失，因為在孩子的心目中，並不會覺得閱讀是生活的一部分。

順帶一提，男生普遍較女生缺乏閱讀興趣，一個很大的理由是「缺乏男性榜樣，男孩子特別渴望得到父親的鼓勵，當爸爸的卻很少講故事或朗讀給孩子聽」，[2] 甚至是否有在家閱讀的習慣也成疑問。所以父親、男教牧或男導師在閱讀運動中扮演著一個很重要的示範作用。

刻意栽培

個別活動如舉辦「文字主日」或有關閱讀的團契週會，可喚醒信徒對閱讀的關注，但要培養閱讀的習慣，更應從一些細節入手。在平常傾談中、在預備講章時，引用書籍的例子和觀點時，最好連作者、書名一併講出，方便信徒按圖索驥。講道中一個引人入勝的例子，隨時可喚起信徒閱讀整本書的興趣。教牧更可刻意在連續兩三次的講道中重複提到某一本書，然後提供訂購服務給會眾。將閱讀滲透在生活的各項細節中，才能潛移默化。

快樂原則

教會提倡閱讀的一個致命傷，就是對著那羣連閱讀習慣都未養成的信徒，要求他們為了一大堆偉大的理由而閱讀，而且限定閱讀那些「政治正確」的屬靈書，結果適得其反。因為閱讀若摻雜太多強制性或不太快樂的成分，就很難持續下去。想要持久，必須快樂，所以要培養信徒閱讀興趣，就要從可讀性高、趣味性濃的書入手，即或不是屬靈書也無所謂，待閱讀習慣建立後，才逐步深化。

要推動一羣不習慣文字閱讀的年輕人閱讀，選書時應注意以下原則：[3]

- 盡量選一些故事或見證，圖文並重更好；
- 不要側重說理型的線性邏輯書籍；
- 作者的表達方式或書籍的排版最好活潑有趣；
- 書內論點和立場不妨模糊點，以促進討論及思考；
- 要避免黑白分明說教口吻的書籍。

「軟」「硬」兼施

雖然說閱讀風氣不長，但教會中仍不乏好學深思的人，只是他們各散西東、互不認識，需要有人將他們召聚在一起。除了推介一些「可口」的軟性入門書外，教會（或同區數間教會）不妨開辦一些看「硬書」的讀書會，以講授或小組研讀的形式進行，介紹一些神學家、屬靈名著或信仰議題，如沙漠教父的故事、潘霍華的生平和思想、包衡的《啟示錄神學》、寇爾森的《當代基督教與政治》、希爾的《商界高手》等。參加這類聚會的人不一定很多，但通常能穩定出席，更有機會成為往後推動閱讀的一分子。

這類聚會甚至可開放給未信者參加，讓他們從不同的角度接觸基督教。又可舉辦以研討一本書為內容的主日學，學員每星期閱讀一定的分量，再由導師負責解釋書中的重點與疑難，並帶領討論；不少屬靈書都附有問題討論，很適合小組使用。

不怕「貨比貨」

認知神經心理學家洪蘭提過，她兒子唸中學時把小說《飄》看完，之後她租了《飄》改編的電影《亂世佳人》來跟兒子一起看。兒子看了一半，就看不下去，說郝思嘉是十六歲，怎麼可以由三十歲的慧雲李來演？洪蘭說，《戰爭與和平》的女主角是俄國人，柯德莉夏萍是美國人，你怎麼就看得下去呢？他說：「因為我是先看電影再看書，不管書中怎麼樣描寫，都是出現柯德莉夏萍的形象呀！要是先看書，電影中出現的影象跟我的想像不合，我就看不下去了！」洪蘭指出：「所以，看書時是自己的想像力，電影是導演的想像力，別人的想像力會阻礙自己發揮想像力！」[4]

推動閱讀的人要把握時機，譬如在孩子看過《哈利波特》電影的第一集後，讓他看小說的第一集，再鼓勵他在第二集電影上映前，先把小説看完，然後比較「先看電影，再看小説；先看小説，再看電影」的經驗，這可讓年輕人感受到文字的魅力在哪裏。

細水長流

持之以恆的推動以上活動，並視之為慣常事工。由於讀書風氣不長，這類活動難以在短期內見成果，何況良好的閱讀習慣須要經年累月才能養成，不能只看一時的反應。據説，一個人閱讀的素養至少要花十年的時間來培養！

白紙黑字，源遠流長

最後補充兩點有關「線上閱讀」的限制。心理學研究指出，熒幕閱讀最佳的篇幅是不超過兩個熒幕的資料，所以不適宜閱讀太長的文章，且偏向實務的、工具的內容。而一般電腦熒幕因著解析度、亮度及對比的問題，減慢了閱讀的速度，長時間閱讀更會使眼睛疲累。（而印刷媒體只要用紙、排版合宜，即或長時間閱讀也不易疲累。）故此一般人常説「上網搵資料」，而非「上網閱讀」，網路為我們提供了大量零碎的資料，而非系統的知識。

此外，在知識傳遞方面，網路的確儲存了大量資訊，但基於種種因素（如版權、成本等），許多重要的知識在短期內仍不可能數位化。可惜上網搜索資料由於太方便，已令不少人在網路搜索完後便以為真的完成搜索，於是不在網上的知識就等於不存在的知識，這將造成一種知識的片面性。這種情況將日益普遍，我們必須小心，不要因著網路為知識打開一扇門，而不經意閂了另一扇知識的大門。

註 釋

1 曾志朗：〈閱讀是多元智慧成功的條件〉，下載自〈http://www.mingdao.edu.tw/readclub/book17.html〉（下載日期：2004 年 1 月 31 日）。

2 齊若蘭：〈哪個國家學生閱讀能力最強？〉，收於齊若蘭等：《閱讀——新一世知識革命》（台北：天下文化，2003），頁 36。

3 張小鳴：〈閱讀就是生活〉，收於 FES Press 編輯組編：《讓青少年到我這裡來》（香港：學生福音團契出版社，2002），頁 149。

4 洪蘭：〈閱讀的神經心理歷程〉，下載自〈http://www.mingdao.edu.tw/readclub/book20.html〉（下載日期：2004 年 1 月 31 日）。

危機下的閱讀

經濟危機與信仰危機

現代化與世俗化是香港教會的特色。梁壽華牧師在〈沒有福音的福音派〉一文（見《紐約神學教育中心通訊》第二十三期）中指出，福音派教會愈來愈少宣講罪、人的軟弱、十字架、寶血的能力等古舊信息，以為這是不切實際，沒有即時效用的空中樓閣，代之以心靈醫治、喜樂平安、理想基督徒生活、教會發展、人材培訓、敬拜、生活危機的解決等內容。「其中沒有福音信仰作為基礎，做的人並沒有充分被福音所感動」，於是「次要關懷變成終極關懷」。

我們的確看見教會淪為信徒追求功名利祿疲乏時的充電器，講道的信息成為信徒閒談時批判的話題。我們失去對上帝的道的尊重。愈來愈少信徒嚴肅對待信仰，信仰只是世俗生活的助力，卻不是委身的對象。

世俗化的基督徒常嘲笑老一輩的信徒迂腐、不懂變通，至於他們一切世俗化、不合聖徒體統的行為，全都可以「人在江湖，身不由己」一語（這可不是聖經的觀點呢）來合理化。信仰與世界最好不要有衝突，理想的基督徒生活當然是那種長袖善舞、左右逢源、健康財富兼顧的「世界仔」型基督徒。

「無痛的福音」如同泡沫經濟，一觸即破。危機，往往把原有的、潛存的問題突顯出來。經濟危機把人作為經濟動物的有限性暴露出來，亦同時挑戰信仰的承載力。於是「錦上添花」型的信仰捉襟見肘，因為上帝的「祝福」不見了；「不合時宜」型的信仰反而細水長流，因為這種「有苦難的信仰」一開始就呼召我們從世界中出來，分別為聖。

這個時候看沙漠教父的言行，無疑有特別的意義。我們不必認同整個修道主義的神學思想，但沙漠教父隱居曠野、衣食皆缺、徹底簡樸、攻克己身、倚靠上帝、一味敬虔的生活態度，已是對世俗化基督徒的當頭棒喝。沙漠教父挑戰我們：今天我們是否擁有得太多？為了信仰，我們到底願意付上多大的代價？

食色性也。沙漠教父為主守獨身，苦待身體，為的是見證連生命最基本、最必要的需求也可以輕視時，還有甚麼比主更重要？透過苦修，我們才能體味耶穌禁食四十日後，魔鬼叫祂把石頭變麵包的試探，有多大的屬靈意義。

傳統代表一種深度，基督的信仰從一開始就是不合時宜的。甚麼才是信仰的本質呢？甚麼樣的信徒才是蒙神悅納的呢？這時候，沙漠教父、德蘭修女、王明道等人的言行，也就發出木鐸之音。

為別人讀書

小時候常聽見大人說：「讀書是為自己的。」結果矯枉過正，我們這一代人愈讀愈自私。

在這個個人主義高漲的年代裏，鮮有民胞物與胸懷的人——就算在教會之中。業餘進修，自然是為了個人的升職加薪，提高競爭力；即或是信徒閱讀屬靈書，焦點也是在個人的屬靈生命上。「愛鄰舍」，很少能構成一個閱讀的理由。

該怎樣說呢？不少信徒劃地自限，當教會邀請他們參與一些事奉時，他們推辭說：「我沒有這方面的恩賜。」結果不是只作最低限度的參與，就是選擇性地參與自己喜歡的事奉，美其名為「善用恩賜，將最好的獻給上帝」。問題是：上帝真的那麼講求經濟效益嗎？是否我們應該問：甚麼是上帝希望我在當下去做的？到底我的事奉應該以教會的需要，還是個人的專長為依歸呢？

沒有一個年代比得上我們這一代人擁有更多的神學資源，可悲的是，身旁稱得上是敬虔的人，絕少是那些飽讀神學著作的人。我不是要（也不敢）否定閱讀神學著作的價值，也不是要（也不敢）否定他們對認識上帝的認真態度。我只是想提出，我們是否可以轉一個角度問上帝：「祢希望我看甚麼書？」也許上帝不一定要我們看些雄辯滔滔的神學鉅著，而是要我們看那些思辨性不一定很強、文字技巧也不一定很高超的書籍，卻讓我們認清誰是我們弟兄中最小的一個，看到他們的需要，學習如何幫助他們。

若有一顆不忍人之心，在這段經濟低迷的時間，大概不能不為之哀慟，感到無力。對於別人的不幸，我們不一定能夠幫忙，但最少能夠認同；而認同往往就是一種支持、一份安慰。今天我們是否願意了解基層人士的辛酸、失業者的苦楚與難堪，甚至學習有關的輔導技巧？恩賜除了靠天賜外，也可以是開拓出來的。

當我們在提倡高素質的閱讀時，除了將焦點放在高素質的書籍外，是否可以同時反省我們的閱讀態度？在危機中我們不一定是首當其衝的一羣，我們可能仍然豐衣足食。可是，如果這時我們的閱讀，仍然只是為了提高個人的生命情調，讓自己變得更優雅；那麼，那將是一件偽善的事。當我們能從「以個人為中心」的閱讀，轉變為「以羣體為中心」的閱讀，我想，那就是一種高貴的閱讀態度。

肆 無忌憚地閒聊——怎樣的對話最過癮

沒有立場，沒有對話

談到「對話」，原來也可以搞出一大套哲學理論，不過我最喜歡的卻是盧雲神父在《從幻想到祈禱》中，談到人際關係的這段話：

> 如果我們要懷著善意待客，我們不只要接納，同時還要和他坦誠相對，絕不能藉中立為名而深藏不露，應該坦白地表明自己的觀點、意見、立場和生活方式。任何人都不能與「無名氏」對話，這是不可能的。只有當我們的生活選擇、態度、觀點，變成了對陌生人的挑戰，迫使他在我們所定的界線之前，充分意識到自己的立場和準備接受批評時〔按：同理，我們也要準備接受別人的

批評〕，我們才可能和他對話。

福音派神學家斯托得（John Stott）在《當代神學對話》（*Essentials: a Liberal-Evangelical Dialogue*）中被自由派神學家愛德華斯（David Edwards）問及他對地獄的看法時，為了誠懇面對這次對話，竟甘冒福音派之大不韙，說出自己本於福音派神學方法卻又迥異於傳統福音派的地獄觀——此時我們就知道，他是一位真誠的對話者。[1]

激發對話的深度與廣度

自以為是、自戀成癖、不顧他人感受的人只會自說自話；一味討好他人、膽怯害羞或處處設防的人，也無法與人對話；毫無主見、人云亦云的人談了也是白說。說起來，要聽一場趣味盎然的對話真不簡單，雙方學識與興趣若相差太遠，根本談不出興味；太過接近又恐怕缺乏腦力激盪。

文學理論家劉再復在與哲學家李澤厚的對話錄《告別革命》的序中說：「開始我們只是隨便聊聊，但我很快就發現李澤厚談論內容許多是他著作中未曾表述過的，他的許多學理性見解非常獨到和寶貴，確實稱得上『真知灼見』。」結果他們「撫今追昔，海闊天空，談哲學，談中國，談美國，談毛澤東的烏托邦悲劇，談鄧小平的『實用理性』，談政治、經濟、文化、情愛的多元」，進行了一場又一場既有廣度又具深度的對話，見證著兩個旗鼓相當、互相啟發而又無所不談的對話者所可能爆發出的智慧光芒。

閒談中見真味

蘇格拉底認為，只有通過理性存在者的共同思索或討論，才能逐步迫近真理——即所謂的「問答法」或「對話術」。不過人世間的言談，若要求句句合乎理性，事事關乎真理，也就把人生弄得太狹窄與沉重了。人生艱難，連講句話都煞有介事，多累呀！日常的對話本就滿佈著打岔、聯想、借題發揮、插科打諢、東拉西扯等等不合邏輯辯證的成分；我以為那種從心所欲而不踰矩、肆無忌憚而不落俗套不含惡意的對話，最能呈現對話的魅力，雙方在互動中產生的趣味、流露的機智、顯示的個人品味與生命境界，都滋潤著對方的生命。

譬如西西與何福仁的對話集《時間的話題》，就處處散發著對話的趣味——

何：蝙蝠是惟一會飛的哺乳類動物。

西：天使會飛，但不是哺乳類。

何：還有超人，但超人漫畫最近和壞蛋同歸於盡了，他是被商業經濟打敗的，經濟，是他的死穴。

西：在芸芸流行文化的符號裏，超人最大美國主義，他代表正義，戰無不勝，可是到頭來被美國人自己揚棄了。

何：經濟也可以令他重生。反而卓古拉……

這場對話名為「害怕與畏懼——尋找卓古拉」，討論吸血殭屍卻又不止於吸血殭屍；不過，閒聊嘛，就由它自由自在吧，走遠了，記得回來就是了。

一場不可思議的對話

至於我所知道最叫人意想不到、無話可說的對話，竟出自德蘭修女。對話的內容已無從稽考，只能從記者的訪談中稍稍窺探。

記者問德蘭修女向上帝禱告的內容，她說：「我不說話，我只聆聽。」記者追問，那上帝說甚麼？她說：「祂不說話，祂只聆聽。」

註　釋

1　斯托得認為，不信者在地獄裏並非接受永刑，而是會灰飛煙滅。無論我們是否同意他的看法，都不損他作為一個誠實的對話者，更何況他遲遲不發表這看法，原是為了尊重傳統的看法及看重福音派的合一，跟今天那種高揚宗教對話，卻不斷扭曲或踐踏自己或別人宗教的人，不可同日而語。

每次都是我先說
不如今次換你先
說吧……

然後就到我
瞎搞瞎說

隨你喜欢怎样說怎样想
我最不喜欢吵咀的了
而且本身也很隨和……

不是吧?!
你這样也算隨和?
你不老实、不肯坦坦
白白地說出自己的
想法、只在别人的
說話中剔剔挑
挑

A TV

隨你喜欢怎样說
我只知道怎样的对話最有癮、
有癮的对話趕走人

窺伺者的眼神——日記・私密・本我・見證

日記可以記刷牙洗臉嗎？老師說：不行，要記些特別的事。但如果有人幾十年都只記刷牙洗臉，你可以想像刷牙洗臉對他有多重要嗎？

閱讀流水帳

哲學家唐君毅先生的日記是標準的流水帳，全是今天看了甚麼書，寫了多少字，回了幾封信，跟誰吃過飯，開過甚麼會。無聊嗎？無聊得很，但一直看下去，你會對那在細水長流的歲月裏，在沉重的行政工作下，仍孜孜不倦做學問的唐先生感到訝異，他竟可十九天內寫了十二三萬字的學術文章！唐先生生性仁厚，日記中絕少批判別人，對於晚年在思想上大倒退的熊十力，唐先生只在日記中說：「武元亮寄來熊先生乾坤衍，先生其衰矣，為之慨歎！」（至於同門徐復觀先生在日記中，則直斥熊十力為「瘋狂」。）

所以，帳簿式的日記中，一樣可以窺見作者如何經營人生；至於那些對人事物鉅細無遺，不諱言自己的感覺、感情與偏見的日記，就更是瑰寶。蔣介石日記中說「人生實一大冒險，無此冒險性無人生矣」，就讓我們意識到他是一個冒險家多於政治家。同是面對死亡，徐復觀《無慚尺布裹頭歸》充分以儒者的活得充實來對抗死之虛無，明知死之將至，仍積極預備東漢經學史的寫作；而上海陸幼青《死亡日記》，就更多的呈現一種積極的現代個人主義，觀照死亡的過程，並以死亡的角度回溯一生。兩者都豐富了我們對死亡的反思。

日記的史學意義

對史學家來說，日記更是重要的史料。「赫洛亞（Jean Heroard）的日記裏，是法皇路易十三身體健康狀況、醫學，甚至宮廷事務的最詳盡紀錄；日記不一定非要大人物，一個巴黎門窗工梅尼塔（JacqueLow's Menetra）的日記，對法國大革命前後的社會動態與人心變化所做的記述沒有其他記載可以取代。」[1] 近年出版的《東史郎日記》、《拉貝日記》、《魏特琳日記》，就更是指控日軍暴行的有力證據。

私人日記之所以具這樣的歷史重量，因日記的本質是一種私密的獨白，是不給別人看的，所以毋須作假。周作人在〈日記與尺牘〉中說：「我自己作文覺得都有點做作，因此反動地喜看別人日記尺牘，感到許多愉快。我不能寫日記，更不善寫信。自己的真相彷彿在心中隱約覺到，但要寫他下來，即使想定是私密的文字，總不免還有做作。」與其說日記是一種文體，毋寧說是一種心靈狀態。如果將一個人分解，最終可能只剩下一組記憶；然而人的記憶力相當不可靠，所以我們依賴日記來複製生命。有時我們須要將思考、語言化成文字，將自我客體化，才能自省、自我批判，日記正是這樣的一個憑藉。然而不是每個人都能誠實、勇敢的面對自己的本相，那甚至與學識無關。

公然偷窺的不安

所以當我看到《安妮的日記》「確定版」（The Definitive Edition）中，安妮對自己性器官的描述時，我真的嚇了一跳。最初版本的《安妮的日記》，經她的父親刪修，以天真的安妮映照邪惡的納粹；「確定版」的面世，卻讓我們看到一個少女的成長與醒覺，豐富了近代的婦女研究。被刪除的日記，也許更能讓我們窺視心靈的隱微幽暗處。蔣介石日記已公開的部分，除宋美齡外，不提其他妻室；《日記類鈔》中記載陳潔如的部分，在審閱時均遭蔣介石用墨筆抹去。研究者自然更有興趣從《類鈔》原稿的影印本中，仔細辨識那刪去的部分，縱然那可能跟現代史的發展無關痛癢。

令我不安的是，近年愈來愈多人在生前已把日記公開，甚至當作一種文體來書寫，台灣張妙如、徐玫怡圖文並茂的《交換日記》，雖然有趣，但總覺不妥；上面提到的《死亡日記》，也是以出版為目的而寫作的。我不排除但我懷疑，有多少人能免除做作，直指己心。那會否將日記由一種心靈狀態，退化為一種文體？

日記是不能隨便公開的，日記是赤裸的生命，閱讀日記，心情是複雜的，因為有時你會搞不清你是個生物學家、畫家、情人，還是個偷窺者。

註　釋

1　南方朔：〈日記．戰爭．女性〉，《魔幻之眼》（台北：聯合文學，2003），頁242。

江湖夜雨達文西——丹．布朗怎樣打造一個熱賣的江湖？

據說西方有些信徒因看《達文西密碼》而放棄信仰，害得有些教牧緊張兮兮。我卻不以為然。一個會因看一本虛構小說而放棄信仰的人，就算沒有《達文西密碼》，早晚也會因其他雞毛蒜皮的事而離開教會。

當然，一些不信主的人，又會大造文章，攻擊教會，認為此書「挑動了社會的那根敏感文化神經」。其實在這個輕視宗教的社會裏，批評教會並不需要付甚麼代價，還可以換來個敢於挑戰建制、權威的美名來。反倒在今天，你敢挑戰現代人視之為絕對真理的民主、自由、人權，這才有看頭；即或是公開批評同性戀，就已經夠你難受，我看這才堪稱為「挑動了社會的那根敏感文化神經」。早有論者指出，此書其實處處迎合當代「政治正確」的意識，如女性主義等。

所以《達文西密碼》之所以暢銷，跟甚麼挑戰權威無關，而是它滿足了亞當後裔對基督信仰的叛逆，它在一個教會影響力日漸式微的社會裏，捕捉住大眾對基督教抗拒的心態，挑起了大眾的「批鬥」慾望。我以為這才能解釋到為何那麼多讀者會完全缺乏實證精神的相信小說所言：耶穌原是個凡夫俗子，還娶了抹大拉的馬利亞；耶穌死後，馬利亞連同肚裏的遺腹子，逃難到法國去；二千年來，教廷一直追殺耶穌後裔，企圖銷毀一切人證物證，而一個包括達文西、牛頓、雨果在內的祕密會社，又一直保護著耶穌後裔及有關物證，並透過不同渠道如繪畫、電影等，暗暗地向世人隱喻有關「真相」。

無疑，要使讀者相信這種集體陰謀論，作者丹．布朗（Dan Brown）還是作了苦心的經營。而他經營的方法，就跟武俠小說如何打造「江湖」有異曲同工之妙。

江湖是怎樣打造的？

話說民初「平江不肖生」撰寫的《江湖奇俠傳》，裏面的江湖奇俠，果真如黑白粵語武俠片，能使出「Ｖ宏宏」的飛劍絕技，又跟徐克的《蜀山》中的大俠一樣，能在空中飛來飛去。這樣的武功當然匪夷所思，所以張徹稱之為「武幻」。但寫小說的人卻故弄玄虛，試圖告訴讀者那些奇俠都是如假包換、童叟無欺；小說家作賊心虛，所以在每一回後，找個評書人來說番好話，評書人大概收了紅包，竟然會說出「我的確在某地見過類似的奇俠啊」之類的話，一唱一和，共謀欺騙讀者。

但這樣的江湖，畢竟脫離現實得很，所以來到金庸、梁羽生，就重新鑄造一個疑幻疑真的「江湖」，憑著他們豐富的歷史知識及說故事技巧，將虛幻的江湖跟真實的歷史打成一片，所以康熙、鰲拜、吳三桂等真實歷史人物，不單粉墨登場，還可以擔當重要角色，與韋小寶演對手戲，而一些歷史事件如殺鰲拜、平三藩，到簽中俄尼布楚條約，都有咱們的小桂子參與其中。總之是把江湖寫進歷史去，又把歷史寫進江湖去。金庸在《鹿鼎記》最後一回，更煞有介事的跳出小說外，說後來康熙六次下江南，根本是為了尋找韋小寶，並據「後人考證」，得知曹雪芹之祖父曹寅，曾為韋小寶下屬，之所以被康熙派為蘇州織造，正是為了「就近尋訪韋小寶」云云，想把讀者矇混過去，害讀者看罷也明查暗訪韋小寶在清史的蹤迹。

達文西的江湖

將耶穌非神話化、將教會醜化，是不少人的願望，《達文西密碼》迷惑讀者的伎倆，則是在小說的「寫在前面」中聲稱：「本書中所有關於藝術品、建築、文獻和祕密儀式的描述都確有其事。」而小說出版後，作者在一些電台及電視的訪問，又不知是真心還是假意地坦言，他相信書中的觀點。

就讓我們看看「確有其事」是甚麼一回事。書中提到一份記載了郇山隱修會（或譯錫安會）歷任會長名字的祕密文件，當中包括達文西、牛頓、雨果等人。這份文獻是確實存在的，卻已被證實是偽造的。全書就是透過一些「確有其事」的偽造文獻、證據不夠充足的歷史著作如《聖血與聖杯》等來證明教會的陰謀。至於那些藝術品、建築、祕密儀式是否真實存在，想真一點，跟小說的觀點是否真實有何相干？紫禁城、四十二章經雖然確實存在，卻跟韋小寶、藏寶圖是否存在風馬牛不相及。「確有其事」確實是一顆煙霧彈，不過倒能讓讀者看罷想按圖索驥的尋幽探勝。

此外作者在書中又大玩解謎遊戲，他說達文西的《蒙娜麗莎》，其實是暗喻陰陽結合的人，因 Mona Lisa 可重組為 Amon L'isa，那是埃及男生殖神和女生殖神的名字；他又說名畫《最後的晚餐》坐在耶穌左邊、男生女相的約翰，其實就是抹大拉的馬利亞！達文西正在偷偷地告訴觀眾「歷史真相」哩。不過，作者沒有告訴你，「蒙娜麗莎」這個名字是在達文西死後別人所改的，而當時大部分畫像中都習慣把約翰畫成一個年輕俊男。

有些搞歷史的人則指出作者改動了不少史實，譬如被作者稱為耶穌後裔的墨洛溫王朝的達戈貝特國王，就根本不是被人刺瞎眼睛而死的。作者大概是在欺負現代人缺乏歷史知識吧。從這一點看，《達文西密碼》就比不上張大春的《城邦暴力團》——一部將現代史、幫派傳奇、奇門遁甲等共冶一爐的新派武俠小說，裏面的索隱式解碼，看得你更眼花撩亂。張大春跟他師傅高陽，都是百科全書式的「小說造史」高手，善於在不違史實的情況下「創造歷史」。

進入江湖，活在現實

姑勿論如何，作為一本通俗的驚慄偵探小說，作者將大量讀者熟悉的藝術作品、歷史名勝作為背景、道具，再加上故事主線由羅浮宮館長在館內遭人謀殺開始，展開一連串的追逐、解謎、佈局，又滿足了大眾的陰謀論心態，讀者怎能不看得大呼過癮？其實同類的故事還有荷里活電影《驚天奪寶》（*National Treasure*），講的則是藏在《獨立宣言》中有關美國開國元勳的藏寶故事，同樣是不斷解碼和造訪名勝古蹟，有趣的是，其中一道尋寶線索原來就印在美鈔中！

•••

《達文西密碼》是本可以一讀的小說（電影版不及小說版好看，但靚人靚景，也不能說不「好看」），雖然我嫌它寫得太過迎合荷里活的口味，結局也有點「搵笨」，但它卻有新派武俠小説的味道。看這類小説，看的時候要把它當作真有其事，但看完之後卻不要把它當作一回事。不當作真有其事，不會看得過癮；把它當作一回事，則會顯得無知。但如果你覺得這與信仰不合，又很想知道別人為何會看得那麼過癮，那你就買套《城邦暴力團》或《驚天奪寶》來看算了。

當童話遇上政治

當樵夫舉起斧頭，打算劈向那隻拋開世俗男女有別的呆板觀念、換上外婆長袍的大野狼時，那位本來因野狼侵犯其個人空間而在尖叫的小紅帽突然停下來，連珠炮發的向樵夫質問：「你以為你在幹甚麼？仗著武器就想為所欲為了嗎？性別歧視者！物種歧視者！你以為沒有男人的幫助，女人和野狼就不能解決他們自己的問題嗎？」

——這是 James Finn Garner 相當爆笑的《政治正確童話》，裏面十三篇家傳戶喻的童話之一，全都經過「政治正確」（Political Correctness）的洗禮，反映我們這個泯滅差別、致力消除一切歧視和偏見、強調人人（以至人跟動物）平等但有些人比其他人更加平等的「後現代歐美女性主義泛平等自由同性戀情慾中心主義」的偉大的時代精神！（各位讀者對不起啊，寫得那麼冗長，因為冗長正是政治正

確語言的一個特色嘛。)

語言塑造思維，在平等主義當道下，要求修正所有被認為隱含歧視與偏見，會使弱勢羣體感到不愉快的詞彙，舉凡種族、性別、文化、階層、年齡、體重、身高、動物、經濟、體臭等都在包括之列，目的是「向少數派致敬」！所以，近視、遠視、盲眼要改稱「視覺受到挑戰」,「我很窮」則改說為「我是處在經濟活動圈的恩惠之外」，諸如此類，相當……唔，智力受到挑戰。

童話是我們對理想世界的一種想望，反映我們對道德尺度、人倫關係的追求。Garner 為了顯示偉大的政治正確運動最終會打造一個怎樣的美麗新世界，特地炮製了十三道美點，笑不死你都嚇你一跳。

只是單單改寫童話還不夠，也應該向那充滿「古代近東有神論男異性戀者陽具中心主義」的聖經下手吧。譬如說，約翰福音八章那個捉拿行淫婦人來質難主的故事，就應該改為一班前衛的知識分子及議員，率領一眾同性戀者、多元性愛者（濫交)、性工作者（牛郎及妓女)、中止懷孕者（墮胎)、虐戀行為者（性虐待）等人去到耶穌面前，迫令祂宣佈這些人都是無罪的，否則就認為耶穌政治不正確、有違自己強調恩典的教導……

只是……哎喲，耶穌做事從來都出人意表，應該說祂會怎樣反應好呢？算了算了，反正政治這回事，從來都是齷齪的，政治正確嘛，沒甚麼好希罕！

無冕昏君的新衣

笑話有兩種，一種是「純粹老作」的，如李力持的《真係笑話》，言不及義，但求博君一粲；一種是有現實基礎的，如劉濟昆的《文革大笑話》，看罷笑中有淚，甚至根本笑不出來。

《偏見：CBS知情人揭露媒體如何歪曲新聞》（*Bias: A CBS Insider Exposes How the Media Distort the News*）的作者伯納德．戈德堡（Bernard Goldberg）大概不知道原來他

在寫一本笑話，作為七次艾美獎得主、在CBS擔任了近三十年的記者和製片人，他只希望揭露媒體如何歪曲新聞。不過，當他用第一手資料講述美國主流媒體的內幕故事後，讀者看著媒體的醜態，卻不免笑成蝦腰。

好些西方媒體的精英分子，為求表明自己的開明、前進、有識見……，帶著「政治正確」的有色眼鏡看世界。當他們發覺自己看的世界跟一般人不一樣時，就認為是別人目光短淺，於是他們就當起道德教師來，放棄了發掘真相的專業，削足適履地編造了許多「喻道新聞」，所以美國新聞界內部有一種說法：「不要讓事實影響一條好新聞！」

為了顯示種族平等，一則有關監獄的新聞播出後，高級製片人告訴記者，下次得小心點，多拍些白人囚犯，不要讓人留下印象，以為黑人是那兒惟一的囚犯。記者氣得抓狂，因為高級製片人明明知道那兒只有一個白人罪犯！另一則有關颶風過後小島出現搶劫的報道，被勸服拿掉了搶劫的鏡頭，因為報道中所有的搶劫犯都是黑人！然而，島上 95%的居民都是黑人，搶劫犯是黑人，逮捕他們的警察也是黑人。

某些 NGO（非政府組織）又會誤導媒體美化現實、誇張現實。為怕公眾喪失對露宿者的同情，一些 NGO 並沒有向記者道出全部事實，他們會找些健康勤奮愛家有教養的白人上全國電視，作為美國露宿者的代表。記者因著躲懶、理想主義、與現實生活脫節等因素，竟照單全收，無視美國多數的流浪者其實是酗酒者、吸毒者、精神病人、愛滋病患者、釋囚、家庭暴力者。

如果同情要建築在瞞騙的基礎上，這種同情就相當廉價。可惜的是，不單美國，香港的傳媒也對事實感到厭煩，只喜歡炮製各類無中生有、想當然耳、單邊報道的新聞。

在童話中，國王因為「聰穎過人」，所以穿上那「聰明人才看得見的新衣」。不過，國王雖然裸裎相向，起碼頭戴冠冕，別人還認得出他的身分來。在現實中，無冕昏君跟國王一樣，陶醉在各種「想像的事實」中，當他穿上「新衣」後，雖然顧盼自豪，但除去那唬人的外衣後，大家就會驚覺他原來甚麼都不是，只好大喊：「有人不知羞恥沒穿衣服到處跑啊！」

當然，不排除無冕昏君會說：哼，果然是一班愚笨的人！

時代視域

信息量

這是個信息爆炸的年代，但爆出來的可能是空殼彈。

你問他跟她昨晚談得怎麼樣，他卻鉅細無遺地報告他們去了哪一家餐廳、吃了哪些菜、味道如何。由於文不對題，雖然資料豐富，卻等於「零信息」。

零信息還容易察覺，比較麻煩的是「灌水信息」。

先看這一句：「十二月二十四日平安夜在黃大仙區舉行報佳音活動。」二十二個字。修改後：「平安夜在黃大仙報佳音。」只剩十個字，但「信息量」一點也沒有減少。

再看這一句：「教會將於某月某日舉行靈命進深營，目的是讓參加者靈命得以進一步深化。」後半部是廢話，難道靈命進深營的目的會是減肥瘦身？

灌水信息有重量無質量，它不是沒有內容，但力度卻大打折扣。漂白水以一比四十九的清水稀釋，可以消毒被嘔吐物弄髒的地方；若是一比九十九，則只能清潔一般環境設施；又若是一比一百九十九以至二百九十九呢？我的朋友聽過一場長達九十分鐘的講道，內容嘮嘮叨叨、不斷重複。那一回，他幾乎想死。（補充一點：聽不同讀，上面的兩個例子不完全適用於講章。宣講時會有意識地利用重複、循環、重疊等修辭技巧來幫助受眾有效地接收信息——當然有些講員是在無意識地灌水。）

現在愈來愈多教會縮短講道時間，有人解釋為信徒厭煩真道。不一定！他們厭煩的可能是傳道人的灌水信息，將明明二十分鐘就講完的內容，死拖活拖到四十分鐘；或者，將那三五七個重點，反反覆覆了三五七年。

必須聲明：我不以踐踏教牧為樂，我自己常通宵預備講章，深明箇中難處。我只是覺得在香港這種日益墮落的都市，每星期有一羣人願意乖乖地坐著聽你講三四十分鐘的道，你不預備一篇扎扎實實的道，怎對得住這羣善男信女，以及把他們交託給你的上帝？

我們必須誠實面對弟兄姊妹對我們講道「三幅被」、「空洞派」的批評，當中不儘是那種愛挑剔的人，更多是不知如何回應世俗衝擊的小信徒。我習慣一字一句的寫講章，一場三十五分鐘的講道要寫七千字左右。七千字呢！你知道那可以提供多深入的釋經、提出多深刻的信仰反省、作出多全面的生活應用嗎？每週若有七千字不灌水的信息，真的能成為信徒的一道活水呢！

當然，要提高講道的信息量並不簡單，需要日積月累的硬功夫；最基本是培養廣泛閱讀的習慣。怎麼？你沒時間讀書？你要不要聽我講句逆耳的忠言：在資訊社會，不讀書，沒資格當教牧！無疑，好書太多，但能讀一本是一本，何況你可以在網上找到一些精彩的書介，把一本書的重點講論得清清楚楚，相當有用。肚子有墨水，才不會亂噴口水。

但必須坦承，有些教牧就是沒有講道的恩賜，傳統一手一腳預備講章的方法不適合他們。如果神學院、宗派能定時製作一些「道材」供他們參考，未嘗不是一樁美事。有些人很不屑教牧使用這類道材，但講道是宣講上帝的道，不是表演個人才智，有否參考道材不是重點，就好像一位教師教學的好壞，不在於他能否自編教材，而在於他如何按學生的需要，有效、靈活地運用現有的教材。

這是一個信息爆炸的年代，我們已無可避免地捲入一場信息戰爭中。上戰場前，同袍們，請檢查一下彈藥是否充足！

為什么肚子有墨水，才不会亂噴口水？
原因可能是：

A. 肚子有墨水，便懂挑對像？
B. 肚子有墨水，便會顧及他人？
C. 肚子有墨水，便懂克制自己？
D. 肚子有墨水，便沒時間跟你耗？
……

肚裏有墨水，
就乾脆直接
噴墨水，
看誰的墨水
比較多好了！

鬼扯釋經法

鬼扯與説謊，哪一個更是「真實」（Truth）的敵人？

朋友轉來一首打油詩，詩云：「人間有臭屁，化作鬼扯稿；討好青少年，竄改聖言書。耶穌是雙失，約瑟亦雙失，大衛又雙失，雙失救地球。雙失如此妙，聖經卻堪虞。」

笑得我！

這是回應一篇題為〈耶穌是雙失青年？〉的文章，該文説：「聖經充滿雙失青少年。約瑟……大衛……以實瑪利……。耶穌也好像是一個雙失的青少年，十二歲就出走離家離羣，生活顛沛流離，沒吃的喝的，門徒要偷田間的麥穗吃。居無定所，最後死在街頭，令父母傷心，一生沒有出息的孩子。」乍看時嚇了一跳，以為又有甚麼偽經出土了，幹嘛跟我們看的聖經不同？

別以那首詩言詞粗俗，用的卻是普林斯頓大學道德哲學教授 Harry G. Frankfurt《放屁！》（*On Bullshit*）的典。Frankfurt 以嚴謹的論證，討論「放屁」和「鬼扯」（humbug）跟「説謊」的區別。他認為放屁與鬼扯雖然包含虛假的成分，但不等同説謊，兩者最大的差異是，説謊者必須確信真假，才能知道自己要説甚麼；但放屁者根本不關心真假，只在乎他想要達到的目的。這讓我想起《蘋果日報》一位編輯曾説：「《蘋果》也可以很道德——如果道德賣錢的話。」重點都不在前者，而是後者。

有趣的是，拿鬼扯者和説謊者比較，我們往往對前者較為寬容，也許因為看見有些鬼扯者動機良好（關心雙失青年哩，你敢説他不是好人！），覺得他只是想製造一點煽情效果，就聳聳肩讓這種「強加的認同」過關。不過，如此下去，他日要關注殘障人士，是否又要把耶穌、大衛、約瑟等逐一打殘？

這不只是釋經問題，也是邏輯問題，該文接著説：「然而，社會生機就是隱藏在這羣邊緣青少年、隱蔽青少年當中。約瑟解夢，拯救大地脱離飢荒。……所以，如果要發現教育制度的生機，就要看隱蔽少年的心理和行為……他們就是我們社會的生機。……教會的青少年工作，教育工作，社會服務；商業的人材培養，能否以轉弱為強為目標，虛心向這　羣青少年學習？」看到作者的推論嗎？——耶穌是雙失青年，耶穌是人類的答案，所以雙失青年是人類的答案；耶穌是人類所有問題的答案，所以雙失青年是人類所有問題的答案。哈利路亞！耶穌是否真的雙失，已不重要，不信你看看同一套邏輯——

耶穌是男人，所以男人是人類的答案！

（太好了，我是男人！）

耶穌是教師，所以教師是人類的答案！

（太好了，我也教過書！）

耶穌是單身，所以單身是人類的答案！

（噢，沒我的分兒！）

耶穌是死因，所以死因是人類的答案！

（大吉利是！）

需要怎樣的結果，就做怎樣的釋經；別以為這是個別例子，卻隱然是某種趨勢。動機重要，手段也很重要，這樣突破的釋經，早晚會將教會帶上歪路。

鬼扯比起說謊，更是「真實」的敵人。

中國話

某教授在電視節目裏糾正懶音後，說了句：「好心唔好咁懶啦！」我即時的反應是：「懶你個頭！」

「扁擔寬，板凳長，扁擔想綁在板凳上……」台灣女子歌唱組合 S.H.E. 在今年（2007 年）推出《中國話》一歌，大玩繞口令，相當有趣，歌詞很富時代觸覺：「多少年我們苦練英文發音和文法，這幾年換他們捲著舌頭，學平上去入的變化，平平仄仄平平仄……全世界都在學中國話，孔夫子的話，愈來愈國際化，全世界都在講中國話。我們說的話，讓世界都認真聽話。」

隨著中國國勢日強，學好中文，漸成為國際趨勢——包括在香港教會。中文在香港的地位，跟我十幾年前剛進中文系時，真不可同日而語。現在別人知道我是「中文人」，又說得一口流利的普通話（有台灣腔，但不要緊，反正對方認不出來)，總會流露三分敬意；說實在的，我多少有點「多年媳婦熬成婆」之感。

教會的中文好不好？當然不好！不過，沒有迹象顯示它特別差，而且按我的了解，信徒的人均閱讀量，應該高於市民。很少地方像教會，無論得時不得時，都在鼓勵閱讀。只是在大環境下，過去香港社會不重視中文，教會的中文當然好不到哪裏去。所謂教會的中文水平差，只是反映社會的中文水平而已。糾正教會處境中常犯的一些語文錯謬是好事，卻要避免形成一種指責的氣氛，那只會讓人對改進語文望而卻步。

當年我去台灣升學前，一位小姊妹跟我說：「如果我寫信給你，你可不要笑我的中文不好啊！不然我就不寫信給你！」我立時搖晃雙手說：「不會不會，收到妳的信我會很高興，絕對不會笑妳。」於是她快快樂樂地走了。後來每次回信，我都故意用一些之前她寫錯用錯的字詞，讓她在不知不覺間學習正確的寫法用法。

沒有人希望自己的語文差，我從中學開始發表文章，至今二十年，仍然沒有信心寫出沒有語病和錯別字的文章。這跟我是否認真沒有關係，而是語文實在很難學得好。語文這回事很奇怪，白痴都會用，但連教授都不一定用得好！

語文好的人常不明白別人的語文為甚麼那麼差，那位批評別人有懶音是因為懶的教授，是將技術問題升級為道德問題，這是最令我不滿的地方。用這種心態推動語文學習，只會叫人抗拒或退縮。

言歸正傳，我相信提升中文水平，是教會的一個趨勢。我就讀的神學院從今年起，宣教系的所有課程，都以普通話授課。教會提升中文水平，不是為了滿足某些人的語文潔癖，而是為了陳耀南教授在敝神學院所提到的：教會中文不好，很難向中國人傳福音。

弟兄姊妹，中文不好學，但為了福音，我們一起把中文學好吧！

親切的陌生感

傳道人常被批評講道「三幅被」，但講道是宣講聖經真理，有一定的「框框」，怎可能「屢創新意」？

每隔一段時間，總有一兩本經典著作重新受到市民大眾的關注以至追捧（近期是由《于丹〈論語〉心得》帶起的論語熱）。經典是心靈的故鄉，也是心靈的座標，每當我們於世俗汲汲營營、昏頭轉向了一段時間，就需要一個座標來校正自己的方向。當社會一起凝視某部經典，也許就表徵了某種集體的迷失與求助。

經典能喚起某種「親切的陌生感」。親切，因為它源自心靈；陌生，因為它久被遺忘。它不必語不驚人死不休（既嚇驚人，何來親切？），也毋須隨波逐流講時髦話（抄抄襲襲，哪感陌生？）。譬如說，每逢我們情感的溫度下降，孔學的溫情脈脈，都能再一次以它的溫度來提升我們的溫度。之所以產生陌生感，不是因為孔學的溫度上升了（儒學講求恰到好處，再高，就可能過火了），而是我們的溫度下降了。原來，不是經典呼喚我們，而是我們呼喚經典。遺忘了，所以要回憶；走遠了，所以要呼喚。

當然，那種「親切的陌生感」不只存在於經典，最近一邊背誦令人痛不欲生的希臘文，一邊看島田洋七的《佐賀的超級阿嬤》，看到那種在貧乏中仍堅持要窮得開朗的精神，就連背希臘文字尾變化也變得起勁！——最終是否背得牢？哈哈，那已是另一回事，甭談甭談。

聞說有「講道學」教授認為，講道就是要「重複」。由於不知上文下理，不宜隨便批評，用一個正面的角度，我會想，那可能是一種嚴謹的態度，提醒自己不要為求新意，而講一些原非屬於聖經的道理。可惜，有時我們會以一種寫通俗小說的心態來預備講章，即是說，無論敘事過程如何冗贅複雜，都只是在重複一些舊的符碼；這對某些讀者是有效的，因為他們閱讀通俗小說僅是想印證並強化自己預存的判斷，[1] 無法產生心意的更新和變化。所以我以為講道應帶給受眾一種親切的陌生感。

如何發掘這種親切的陌生感？一位編劇老師的教學方法，值得參詳。她要同學們一起構思一個嶄新的故事，一開始，同學們想到的儘是那些老套的劇情，老師就逐一否決。同學們一直講一直講，於是那些預存的劇情、抄襲他人的劇情、平淡無奇的劇情……，就被逐漸倒空。在彷彿智窮力竭之時，一些新穎的點子就漫漫浮現出來……

聖經是個無盡藏，但有些講道者容易滿足於最初看見的那一兩層意思，然後不斷重複，變成嘮嘮叨叨的「三幅被」。其實，講道者必須咬著經文不放，認定經文還有很豐富的信息要向我們宣講，我們對它的認識仍然不足。這樣沉潛反覆下去，才能發現我們的生命如何與真理疏離，從而發掘經文中那親切的陌生感。前一陣子再思耶穌問：「或說『你的罪赦了』，或說『你起來行走』，哪一樣容易呢？」（太九5）才醒覺對現代人來說，大概會認為說「你的罪赦了」比「你起來行走」容易得多——這正好跟第一世紀讀者的認知相反。這個次序上的轉易，也是世界觀的轉易，顯示現代人視赦罪為一件廉價的事。單是解釋這個轉易，已可展開一場發人深省的探索之旅，聆聽聖經那親切而又開始陌生的訓誨。

講道不必「屢創新意」，講道是宣講聖經真理，必須謹守一定的「框框」，但只要用心挖掘，就會發覺「框框」之內，原來「萬古常新」。

註　釋

1　關於通俗小說的特色，可參南方朔：〈作者的惡意〉，《世紀末抒情》（台北：大田，1998），頁154～156。但我不同意重複舊符碼者一定心存惡意，即或解釋為「被時代制約」。

親切的陌生感這回事
對教養子女是挺管用的

三國最精彩的，是羣雄如何運籌帷幄、決勝千里嗎？

陳耀南教授推介易中天《品三國》等書，說作者對人性的理解很深刻。買來一看，果然愛不釋手。

有關三國的書籍，從正史、野史、演義到評論，汗牛充棟，《品三國》能脫穎而出，有口皆碑（至於善意與惡意的批評，自然難免），我相信，一如陳教授所言，是因易先生深諳人性，於是能將三國的人事物條分縷析，斟酌玩味得很剔透，讓讀者拍案稱快，生出「原來如此」「果應如此」的讚歎。書中有幾句話，看來該是易先生的夫子自道：「料事如神者，實際是料人如神。所以，琢磨計謀是沒有用的，你還是琢磨人性吧！」「其實時事也好，兵事也好，說穿了都是人事。只有精於人事，才能明於時事和兵事啊！」

《品三國》給我最大的提醒，就是「琢磨人性」這四個字。

現時教會講道的一大弱項，就是對人性琢磨得不夠深刻，講員致力於宣講甚麼是「行耶和華眼中看為正的事」，甚麼是「行耶和華眼中看為惡的事」。辨別對錯，在這個是非混淆的社會中，當然重要；不過，若人性琢磨得不夠深刻，所宣講的道就容易與受眾疏離，無法直指人心，揚起心靈的震盪。

譬如說，在大衛殺烏利亞一事中，我們很少琢磨大衛的心理狀態——我們常著重大衛如何一錯再錯、愈行愈惡，卻忽略大衛如何在人算不如天算後的徬徨失措：本來只是朕的一夜風流，卻弄來個意外懷孕；想到拔示巴之夫遠征在外，一定飢渴慕「異」，立時召他回京，等夫婦同寢後，讓烏利亞當個「便宜老竇」不就行了？豈料烏利亞忠義過人，大衛又勸又慰再灌醉，他仍秉持大禹治水三過家門而不入的氣魄。大衛被弄得狗急跳牆，才「安排」他「身先士卒」，死於敵陣！出此下策時，也許大衛還覺得自己是個被趕入窮巷的受害者哩！

先知拿單「富翁巧取豪奪窮人的母羊羔」的比喻，雖然巧妙，但大衛當初若是因怒從心中起、惡向膽邊生而下毒手的話，以他之聰明，比喻聽到一半，怎會不知謎底？拿單當頭棒喝那句「你就是那人！」，才使大衛從受害者的迷思中醒悟過來：「我得罪耶和華了！」

對大衛同情的理解，並沒有令道德界線變得模糊，卻讓我們對大衛有更多的認同，因為無論是我們自己還是身旁的許多人，雖然不是大奸大惡，卻都行過自以為被趕狗入窮巷，以致反噬人一口的惡行！於是，我們與大衛「心心相印」，心靈同受激盪。

甚麼時候，我們對人性的琢磨，足以叫我們寫出《品列祖》、《品列王》、《品先知》、《品聖徒》之類的著作呢？認識人才能認識神，那將是一道道搭連此岸心田與彼岸天國的橋樑啊！

三國最精彩的，該是那琢磨不盡的複雜人性吧！

三個人，三張嘴；你一句，我一句
各懷鬼胎加上一唱一和，
是品評？還是愈說愈沒品？

偽裝的理想

如果有年輕人跟你說他的理想是當廚師或理髮師，你會鼓勵他嗎？

朋友是青少年工作者，有一年會考放榜前夕，跟一位年輕人聊天，問他有何打算。年輕人說，他從小就想當廚師，準備報讀專業訓練學院的課程。所謂職業無分貴賤、行行出狀元，朋友自然加以鼓勵，之後又隨口問了句：如果可以升讀預科呢？年輕人眼前一亮說：「梗係升學喇，有機會讀大學就梗係最好喇！」

不對勁啊，怎麼剛才還興高采烈的說要當廚師，轉眼又說自己很想唸大學？事實是：第一個理想其實是個「偽裝的理想」，以圖掩飾那一個可望而不可即的真正理想。

我也遇過這類青少年，他們過於宿命，對自己的生命早就失去熱情，甚至有一種投降主義的傾向，認定自己大勢已去，所以拒絕付上嘗試的代價，只是不斷降低人生的目標、生活的標準，以期讓自己過一個「達標」的人生。大概是自尊心作祟，他們會聲稱這個七折八扣後的「理想」——如果還可以這樣稱呼的話——就是他們真正的想望。

這類年輕人為數不少，更麻煩的是，在社會一片「要鼓勵年輕人」的風氣下，我們很少會對這些理想作出「品質檢定」，結果既無法激起他們的鬥心，又強化了他們的宿命感。偽裝的理想雖然容易實現，卻無法令人得著真正的喜樂，反而叫人一輩子活得酸溜溜！

我不贊成年輕人好高騖遠，也認為踏實是一種成熟的表現，但活著不能沒有理想，人必須盡己所能，向著標竿直跑，在奮鬥中不斷檢視自己真正的能力、限制與志趣（對信主的人來説，還要尋找上帝對自己的召命），從而訂出一個務實的人生理想，並努力實踐之。這樣，即使最終還是當一名廚師，卻是一名以廚藝為人生志業的廚師，而非躲在廚房逃避生命的廚師。

作長輩的，不要隨波逐流，以為叫年輕人「想做就去想」就叫開明，那跟聖經批評那種只管叫人「平平安安地去吧，願你們炒碟好菜、剪個靚頭」（改寫自雅二 16）的行為沒有兩樣。因時制宜、過猶不及，我們有時要激發他們的鬥心，有時要逼他們正視現實，更多時候我們是豬八戒照鏡子——裏外不是人。不過，為了讓年輕人獲得真正的喜樂，這也許是當長輩的必須背負的十字架。

如果有年輕人跟我説他的理想是當廚師或理髮師，我會先搞清楚那是一個真心的想望還是一個偽裝的理想，才決定回應的方式。

習慣

江山易改，本性難移，但，習慣可以改。

有位老先生退休後還天天坐車到公司附近逛一圈，去熟悉的茶餐廳吃早餐 A 凍奶茶少甜，甚至上公司跟同事「打牙骹」。也不是對公司和茶餐廳有甚麼特殊感情，只是「習慣了嘛」！隔了好一段時間，老先生才開始適應退休生活。

習慣力量大。我當編輯，習慣「捉字蝨」，平常看書也會把錯別字圈起，老婆見我連看餐牌也在找錯別字，就說我很病態。沒辦法，「習慣了嘛」！

當編輯多年，已將許多編輯工序融入到生活習慣中，成為性格的一部分。若不這樣，很難當個好編輯，因為編輯工作牽涉萬千的細節，稍一疏忽，就會走漏眼（我的句口頭禪是：「凡可能出錯的，都一定出錯。」），必須儘量將整個操作變成慣性的條件反射，否則不可能同時兼顧那一萬個細節。如果要訓練編輯新手，除了教授技巧，更重要是培養他有良好的編輯習慣，如：永遠保持懷疑態度、不怕麻煩、不怕沉悶、充滿好奇心⋯⋯；以及，勸戒他改掉編輯不應有的某些壞習慣。當然，這是經年累月的工夫。但勉強成習慣，習慣成自然，屆時你就會以為自己是個生來當編輯的料子了。

習慣，也許太習慣了，我們常忽略它是一個重要的因素，決定我們能否「做好呢份工」，以至「做好一個人」。幸好近年它愈來愈多被提及，其中最為人熟悉的要算 Stephen R. Covey 的《高效能人士的七個習慣》，而我以為台灣心理學家柯永河提出的「習慣心理學」更值得留意。習慣與健康人格有密切的關係，心理學家告訴我們，性格乃由習慣組成的一套心理系統，習慣是「刺激與反應間的穩定關係」，而所謂心理健康則是指良好的習慣多、不好的習慣少。

我們在生活、婚姻、工作所遇到的窘境，往往源於缺乏某些良好習慣之餘，又同時擁有某些不好習慣。可惜的是，我們常聽到的解決方案，卻是「有信心，可奪金」、「只要有恆心，鐵棒磨成針」、「只要自律，上網就不會成癮」這類高大空的話，彷彿「我欲仁，斯仁至矣」。其實那不是一個“What”的問題，而是“How”的問題。

習慣的培養與戒除，牽涉好些技巧，不宜過分簡化。我感到講台上的宣講，有時流於抽空地提出一些德目，講兩個見證，鼓勵你多祈禱就了事。講員誠意可嘉，但實效不大。當然有些人會將講技巧等同不屬靈、否定聖靈的工作，但我卻相信「技中見道」——技巧當中有真理（所以不能說能捉老鼠的就是好貓），有聖靈與我們同在。如何將「習慣改變」融入在屬靈操練中，我相信是個值得努力的方向。

習慣能改，那麼，本性就「能移」，生命就有機會改寫了。

她說只要有恆心，鐵棒定能磨成針

李白聽了很感動
從此讀書很用功
後來成為大詩人
多虧她的好教訓

鈍感力

敏感與鈍感並存，是否一種矛盾？

寫作的人大都是敏感的，不敏感的人很難當個好作家。但敏感的人對於文章被要求改寫或遭到退稿，容易反應過敏，剛直者怒髮衝冠，內斂者則意志消沉。我是編者又是作者，既退人稿也遭人退稿，深明「剃人頭者人亦剃其頭」之道理，死而無怨，對遭人退稿操練了一股「鈍感力」。

「鈍感力」一詞據說是日本作家渡邊淳一發明的，我不懂日文，無從稽考，只知他寫的同名書，今年（2007 年）二月出版後即大賣，「鈍感力」也成了流行用語。國內簡體版一點也不遲鈍，五月就出版，我是七月在香港買的，算快還是慢？應該不算快，網上有關的文章已經不少。

鈍感力是一種處世之道，舉個例子：小海出了個差錯，遭心情不佳的上司當眾狠狠地臭罵一頓，連同事都嚇得心驚膽顫，以為他明天準會請假避避風頭；怎料第二天小海笑容可掬地來上班，如常地向各人問好。無獨有偶，小福也遭上司怒罵，他先是請假，然後以辭職收場。小海擁有的就是鈍感力。

渡邊淳一認為我們的社會是靠人與人之間的關係來維繫的，「當受到領導批評，或者朋友之間意見不和，還有戀人或夫妻之間產生矛盾的時候，不要因為一些瑣碎小事鬱鬱寡歡，而應該以積極開朗、從容淡定態度對待生活」，這才是享受愉快而有意義的人生的關鍵，「只有具備這種鈍感力，敏銳和敏感才能成為真正的才能，從而在人生的道路上發揮其應有的作用。」

不知道是不是我敏感，總覺得現在的人愈來愈過敏。以前的社會比較可以直話直說，現在嘛，若要指正對方，總是要先找點東西來誇獎對方幾句，再兜兜轉轉，把問題含含糊糊帶過，不要用甚麼負面的字眼，儘量將對方的錯誤解釋成只是因誤會而生，希望對方高抬貴手，隨緣樂助，作出改進，尾後還要補上一句「請你不要介意我這樣說」，說得好像對方犯錯是你的責任似的。

這是一種安全的溝通模式，我不排斥。待人要寬，若能以「語言的藝術」來助人，何樂而不為？但我是個老派的人，總覺得律己要嚴，寧可別人爽爽快快的有話直說。沒有人是沒有缺點、不會犯錯的，不要傻得以為別人的批評就是人身攻擊。難得有人開誠布公，雖然尷尬難免，卻又何妨？你愈是需要別人拐彎抹角來跟你談問題，就愈是少人願意跟你坦誠，理由很簡單，講那種吞吞吐吐的話，有多累呀！別人又不是欠你的，憑甚麼要人家搞得那麼步步為營、提心吊膽地來助你自我成長？

若對方真是惡意中傷，更要保持心境開朗，當個蒸不爛、煮不熟、捶不扁、炒不爆、響噹噹的一粒銅豌豆，否則日子難熬；你愈活得從容，對方就愈拿你沒辦法。

敏感力與鈍感力，是兩股相輔相成的力量。

陪我玩
陪玩
玩
BB今天很乖
今天好像忘記了餵奶？
老公，你很厲害，宝宝睡得很沉他看來很累吧。

一個都不能少？

如果你有一百隻羊，走失了一隻，你會如何？

自從張藝謀的電影《一個都不能少》出現後，「一個都不能少」成了一句熱門的口號，特別在討論青少年問題、教育問題與領人歸主時。教會尤其喜歡用，因耶穌說過一個比喻：一個人若有一百隻羊，走失了一隻，就撇下其餘九十九隻，上山下海也要把牠找回來，找著了，就歡天喜地到處告訴人。「一個都不能少」，多澎湃的心情啊！

慢著，打從我第一次看這個比喻，就有點困惑，這回不妨打開天窗說亮話：到底牧羊人離去後，那九十九隻羊有人看顧嗎？牠們夠草吃嗎？有沒有羊因此被狼噬了？

「聽古唔好駁古」嘛，大概還有其他牧羊人在草場，甚至有牧羊犬嚴陣以待呢！

不行，我還要多問一句：如果走失了九十九隻羊，那又要怎樣辦？

唉，比喻自有題旨，如果走失了九十九隻，那已是另一個課題了！

是了！這就是我關心所在：我們的情況跟耶穌比喻的內容不完全對應，異類不比，我們會否錯用比喻？

「一個都不能少」，前提是我們真的有九十九隻羊，而且要確保我們出外尋羊時，牠們都能得到足夠的看顧，否則得不償失。而現實是，我們沒有九十九隻羊，如果按香港人口換算，我們連五隻也沒有！不見了九十多隻羊還高喊「一個都不能少」，胸懷大志誠然可嘉，說不定還可以鼓舞士氣，但真正要尋羊時，這句口號卻是空話，因為它的前提前設都不對，很容易錯誤評估形勢。不見了九十多隻羊，我們必須認真規劃一下尋找的路線、資源的分配、人手的協調；而且心裏有數，不可能把失羊都尋回，找到一隻算一隻。雖然每隻羊都是寶貴的，卻不宜一意孤行為尋找某隻羊而犧牲其他羊獲救的機會，要在適當時候「放棄搜索」。一般情況下，我們都是按經濟原則行事：用最少的資源找最多的羊。

個人決定跟整體考量自有不同，我贊成有些人可以鎖定尋找某隻失羊（鎖定對像總比東摸摸西摸摸好，往往有意料不到的成果），也欣賞他們的委身（他們專挑「惡搞」的羊）；我受不了的是這些人有時會強迫別人全力配合他們的尋羊大計，並將不認同者視為沒有愛心，這是只見樹木不見森林的講法。

牧羊人除了要有尋羊的愛心，還須有尋羊的理智；我們常常以為自己欠缺前者，但我認為我們更多是缺乏後者。

如果你有一百隻羊，走失了九十九隻，你在尋羊前，是否需要認真規劃一下，作出實際的評估？

細節

成大事者不拘小節。——不過，成敗往往繫於細節。

前幾年鬧哄哄的「廿三條」爭議中，時常聽到一句說話：「魔鬼在細節中。」（The devil is in the details.）有法律學者起初贊成訂立「國家安全條例」，待看過條例草案後，態度立時一百八十度轉變，因為魔鬼藏於條文的細節中，名與實之間有嚴重的落差，甚至根本是兩回事！現代社會愈來愈複雜繁瑣，但我們真的要不斷提醒自己切勿粗枝大葉，受那些巧言令色的話所迷惑，必須循名責實，講求實證，留心細節中的魔鬼，否則，好事也會變成壞事。

言歸正傳，「細節」是一個近年備受重視的觀念，已有許多書籍以此為題，範圍無所不包，舉凡在行政管理、產品開發、生涯規劃、兩性相處上，都大派用場。這不難理解，除非你是那種只會講「高、大、空」說話的人，否則在實務上，我們大概都有過敗在細節手上的慘痛經驗。此外，完全的創新是絕無僅有的，一般來説，創新是指細節上的改良改進。

在教會事工上，與其追逐一浪接一浪的運動，我認為不如擇善固執、從一而終，然後做好「細節牧養」。任何的牧養模式，都一定既有好處又有壞處，有人因而成功、有人因而失敗，值得反省的反而是：我們有否一味追逐屬靈熱潮，卻忽略了自己在細節牧養上的長期失效？

談得上是「細節」的，都不會是甚麼奇技異能。譬如説，對中型教會來説，牧者在崇拜後與會眾握手就很重要。那不僅是一種禮儀，而是讓你感受到會眾對此次崇拜的整體反應；在握手間幾句閒聊，可以得悉會友近況；看見哪些人愁眉不展，就應多加關心。

又如，講道時有否按不同階層的需要而舉例，而非長期偏向某一兩類人士？再如，崇拜是否準時開始和結束、教會的音響、冷氣、坐椅、廁所衞生等看起來與靈性無關的事物，一樣很影響信徒上教會的意願。這一類的細節可以一直舉下去，似乎繁瑣，卻很實在。你搞再多的運動，這些細節處理不好，牧養還是會失效。其實細節背後反映的，就是細心。

注重細節，是在提醒我們嘗試將屬靈問題落實為技術問題來處理，由「高、大、空」轉為「落地、細節、實證」。因為萬千的細節組成整體的牧養效果，如果做好每一個細節，雖然仍是那些舊事工，卻足以使教會脫胎換骨。所以我期望有資深牧者撰寫《成功牧養的一百個細節》，分享經驗，幫助我們一切從基本開始，抵擋細節中魔鬼。

成大事者不拘小節，——但注重細節。

簡單

如果簡化是落後，那麼複雜就是一種進步。

最近獲贈一套「家庭影院」，但拿著那個複雜卻缺乏系統分類的搖控器，常不知所需的功能鍵在哪裏，不禁暗罵：「搞乜鬼？叫人點搵！」感覺跟拿著 i-Pod 那簡潔的功能盤，有天壤之別。

從簡單到複雜，是一種進步，但缺乏系統和設計的複雜，容易變成混亂與騷擾。這時候你寧可復歸簡單。

年少時上教會，每年就是差傳年會、堂慶佈道會、受難節崇拜、平安夜崇拜這幾個重點聚會，再按需要加幾個特備活動，節目不多，但感覺上很豐富。隨著教會發展，各類活動愈來愈多，各適其適，日不暇給，卻也開始感到繁複。

有一次跟一些信徒領袖討論親子關係，似乎都有共識，認為教會聚會太多，令大家少了親子相聚的時間。結果好些人提出，應該多辦些親子活動！我卻嘀咕：那不是更沒有時間相聚嗎？為甚麼不從刪減和轉化現存活動下手？

我想我們需要一套「簡單美學」。

甚麼是「好」？好就是「啱啱好」(恰到好處)，讓人覺得增之一分則太長，減之一分則太短。在匱乏的年代，增加就是好；但來到這個複雜的時代，簡單一點反而更好。

教會有時太周到，希望滿足弟兄姊妹生活每一方面的需要(當然也有信徒這樣要求教會)，反而吃力不討好。資源有限，需求無窮，以有涯隨無涯，殆矣。我們必須放棄「全能教會」的不切實際想望，認清教會的真正使命是甚麼。所謂「本立而道生」，基本的教導做好(事實上做得不好)，就不必瑣瑣碎碎的企圖包攬一切議題——何況，我們東講講西講講時，不見得都很有聖經依據，反而降低了聖經在教會裏的權威性。弟兄姊妹要進入世界作鹽作光，我們要減少他們留在教會的時間，貴精不貴多，否則他們就又淡又暗。

現在不少信徒都受過專上教育，他們本身有責任將信仰融入生活，不能在公司跟同事相處不好就怪教會不教導，在家裏跟配偶吵翻天又説教會不教導，那是一種自我愚昧化的態度。在具體處境的應用上，教會只宜扮演輔助的角色，這樣才不會把過多或過少的責任感放在教會或信徒身上。資源有限，我們只能挑選某些議題來重點出擊。

除了內容上，形式上的簡單也很重要。青少年只去團契不去崇拜和主日學嘛（或其他組合），有些人就說他們不夠委身或屬靈。這種講法所向無敵，卻於事無補。近年有教會設計三合一的聚會，一次過滿足三個願望，頗受歡迎，是一趟成功的簡化。這種以重新組織來節省時間的做法，值得推廣。

也許我們會擔心「簡單」被視為「唔做嘢」，其實簡單並不簡單，必須用心割捨。我當編輯，常要在不減少「信息量」的前提下為文章刪減字數、重組內容，你以為很簡單嗎？呈現給受眾的簡單，背後可是花很大的力氣。怎麼？怕不怕倒洗澡水時會連孩子也一起倒掉？嘿，簡單不是不動腦筋！

如果複雜是進步，那麼化繁為簡就是更進一步。

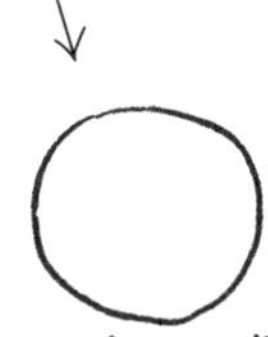

因為她設定不同的表情，
因為她的鬼主意很多、很複雜

最後，由於先天不足，後天失調
她的四肢既短且肥，實在擺
不出什么姿勢。所以在整本书
裡，她都只能站或坐而已

對不起！

還有頭和身的比例不能維持在同一水平
請參見第一張圖！

說了這么多幕後祕密，
重点有兩個：
1. 眼前這簡單的李小編，是
簡化、複雜再簡化的
簡單美的代表。
2. 插畫師有做野喋！

執行力

如果聽到有中小型堂會說要「人數倍增」、「成為千人教會」，你有何反應？

我不排斥數字，更相信人數增長是上帝所喜悅的（徒二 47）。何況那些一味說「重質不重量」的人，也不見得就真箇知道甚麼叫質量。我為到那些關心靈魂得救的教會而感恩，願意為她們獻上禱告，並會關切地詢問：「你們打算如何迎接人數的增長？」

上帝願萬人得救（提前二 4），問題是我們「啃得落」嗎？兒女是耶和華所賜的產業（詩一二七 3），屬靈的兒女亦復如是，如果我們「生而不養、養而不教、教而不當」，上帝又怎安心將他們交託給我們？

說句公道話，許多教會每年都認真訂定事工計劃，並沒有掉以輕心。多年來我閱讀不同教會的年報，逐年比照，感覺她們的確已為此殫思竭慮。不過，讓我潑點冷水，我覺得不少事工計劃都缺乏「執行力」，雖然充滿願景，卻似乎很少提出如何具體實現。有時候領袖又會誤以為口號就是策略，譬如我聽說有傳道人義憤填膺地喊出「只要一領一，倍增一定得」的口號後，就以為回應了會友對倍增的質疑。這類「唯意志論」的教會領袖，自然會將最終無法實踐「一領一」、「倍增」歸咎於信徒缺乏信心與熱心，而非因為教會缺乏實證考量，沒有採取對的策略、完成對的營運，以及，任用對的人材。

人數增長除了關乎佈道策略，還須考慮聚會空間、關顧系統、栽培系統、事工模式、事奉人手等，能否作出相應的配合，以致那些初信者加入教會後，能得到適切實在的牧養。而且，這些配套如何具體有效地執行，最考功夫；要統籌公司受薪員工尚且遇上諸多問題，何況是教會以義工為主的事奉體系？

教內頗有一股浮誇之風，務虛不務實，某些教會、機構領袖儘說些高大空的話，反正已沒有甚麼人會認真對待他們的話了，於是異象頓成幻覺、信心只剩口水。我們知道，要切實在教會推行任何計劃，除了時間和體力外，免不了面對改變帶來的各種衝擊，譬如財政問題和相對複雜的人事等。牧者需要有驚人的耐力和智慧，也要不怕埋怨和紛爭，堅持下去才可有一丁點成效。這種領導者的才能和見識，才是執行力的關鍵。

如果貴堂會要「人數倍增」、「成為千人教會」，請問你們是否具備承載此恩典的足夠執行力？沒有執行力，沒有成長力！

長尾

長尾事工，不是「尾大不掉」的事工。

「長尾理論」這兩三年在企管界備受矚目，但要了解它，先要理解「80/20 法則」(又稱 Pareto principle)。

「80/20 法則」是管理思想領域的重要概念，此法則指在眾多現象中，80% 的結果取決於 20% 的原因，如 20% 的客戶帶來 80% 的銷售額，20% 的產品帶來 80% 的銷量，圖書館 20% 的藏書佔了 80% 借書量，等等。企業過往致力開發、經營的就是那 20% 的產品。

「長尾」(Long Tail) 此詞在二〇〇四年首次出現，用來描述網上交易如亞馬遜書店的經濟模式。長尾理論指出，只要儲存和流通的管道夠大，那些需求不旺或銷量不佳的產品所匯聚的銷售額，原來可以很大。——即以眾多小市場匯聚成可與主流大市場相匹敵的市場能量，打破

「80/20法則」。

舉個例子，二○○五年荷李活票房收入在排名一百位左右起，開始急劇下滑（但每年約有一萬三千部影片在電影節上映）。這並非因一百名之後的電影突然變差，而是因為沒有足夠的影院讓它們上映，形成一條「被截斷的需求曲線」。在書市也一樣，空間就是成本之一，銷量低的書很快就遭退書，在讀者眼前消失，最終變成死書。硬體上的限制造成產品「銷者愈銷，滯者愈滯」的現象。但在網上書店，經營四萬本書跟四百萬本書的成本相差無幾，愛書者就不致跟冷門書「緣慳一面」，結果「冷門書」竟能匯聚成一個不可小覷的營業額。

長尾理論不只影響企業的策略，也將重組人們的品味與價值判斷，因為當選擇量大增時，每個人就更容易以無數與眾不同的愛好來展現自己的獨特品位，小眾文化將有愈來愈多的擁護者。

那麼，長尾理論對教會有何意義呢？

長尾理論提醒教會，要嘗試興起眾多的小型事工，鼓勵信徒「按恩賜事奉」，以自己的專業、興趣、嗜好（足底按摩、跳傘、昆蟲學⋯⋯無論有多「古靈精怪」、「九唔搭八」都無妨），轉化成形形色色的事奉。

每一個「大眾」其實都是「小眾」，都有其「小眾」的一面有待滿足。所以，對一般堂會來說，若能以小數派的心態，以小眾文化的形式，在主流文化以外提供別的選擇，吸引各類小眾，可能更為務實（即「山大斬埋有柴」)。主流文化常常抹平受眾的個性，小眾文化卻能塑造個性，反而贏得更多的認同感，製造各種傳福音和牧養的契機。當我們看到「小就是美」、「人少好傾偈」，不迷戀大型事工，就會發覺契機處處。

長尾事工，是「長做長有」的事工。

馬太效應

你一定不會誤以為馬太效應中的馬太是指馬先生的太太；但你不一定知道，馬太真的是馬太福音裏的馬太。

這不是甚麼新理論，是美國科學史研究者羅伯持·莫頓（Robert K. Merton）在一九六八年提出的，典用馬太福音二十五章主人將五千、二千、一千銀子交給僕人的比喻。我們都知道，得五千和二千的僕人用這筆錢賺了同等數量的銀子，而得一千的卻將銀子埋在地裏便算，主人對後者相當憤怒，將那一千奪過來交給那賺五千的，說：「凡是有的，還要加給他，叫他有餘。沒有的，連他所有的，也要奪過來。」

羅伯特以此來概括一種社會心理現象：「相對於那些不知名的研究者，聲名顯赫的科學家通常得到更多的聲望，即使他們的成就是相似的。」這術語後為經濟學界所借用，反映貧者愈貧、富者愈富、贏家通吃的分配不公現象。形成這現象的原因不難理解，當我們在某一方面獲得成功和進步，就會產生一種累積的優勢，更有機會取得更大的成功和進步。

一些在掙扎求存的中小堂會，難免羨慕大堂會，想向大堂會取經。但據我跑江湖的經驗，好些小堂會的講道不比大堂會差；小堂會的資源雖然不豐，但整體的牧養水平也不見得一定比大堂會差。而且，大堂會雖然有過人之處，但萬人教會決不會就比百人教會好一百倍（這種算法比較僵化，但讀者該明白我的意思）。我認識不同大堂會的信徒，都向我說自己教會的種種不是。家家有本難唸的經。

讀者不要以為我在反大教會，我一向重視量的增長，多多益善。這裏只想提出教會增長背後也有馬太效應。一間教會牧養得成功後，就會形成一種「勢」，這種勢會讓教會人數如滾雪球般愈滾愈大。某位大堂會的牧者嘗說，該堂的增長已教他吃不消，卻又不能制止。不要以為大堂會的牧者個個都胸有成竹，中小堂會的牧者要尋求方法來使教會增長，大堂會的牧者卻要尋求方法來適應教會增長。

對中小堂會的牧者來說，你可能認為自己已依足大堂會的模式來牧養教會，為甚麼教會仍不動如山？其中一個答案是：因為「勢」不在你那邊。同樣的增長模式，往往很難重複，你必須尋找屬於你的增長模式，才可能產生屬於你的馬太效應。現在堂會模式抄來抄去，只能穩守，不能突破——

能穩守也很不錯，那可是大使命的重要組成部分。

話說回頭，神要求管家的是又良善又忠心，能夠有人數大增，固然是美事，否則，各有前因莫羨人，只要你自問自己不是個「又惡又懶的僕人」，上帝就不會連你僅有的都奪過來。

馬太效應的馬太雖然出自聖經，但馬太效應的效應，只是用來描述一種社會心理現象，跟經文的真正旨趣不同，不必太介懷。

筆思進取

語言露出色相後的貪嗔癡

五四新文學家所說的「我手寫我口」，作為口號，倒是不賴；信以為真，那就糟糕。據估計，一個信息的傳遞，包含百分之七的語言（單純指話）、百分之三十八的聲音（包括語調、抑揚頓挫等等），以及百分之五十五的非語言（如肢體動作）。所以，若你只「我手寫我口」，自然流失掉不少的信息量，更何況我們的日常口語，其實粗疏得很；如果你說的是廣東話，就更是「弊傢伙」。日常口語須要大量加工後，才能在書面語言中保留較多的信息量。

進一步說，當語言變成文字，它其實是在經歷一次「質」的轉化，從佔有時間的聲音，變為佔有空間的符號，帶來認知方式上的差別。更重要的是，語言學家愈來愈傾向語言是一種本能，就如人的視力、聽覺，只要不受壓抑，自能發展健全。反之，文字就無疑是一種創發出來的工具。凡是工具，就有賴操作；操作，就講求技巧；技巧，就須要訓練。要「手」「口」一致，又豈是易事？至於庖丁「技中見道」的解牛之術，更已臻美學境地。語言與文字，其實是處在一種「若即若離」的關係中。若即，因文字原為語言服務，企圖指涉相同的意涵；若離，因文字與語言各有不同的存在形態及規律。

因著實用理性的思維，華人教會對文學並不重視，只差未説它是奇技淫巧。據知有些教會的圖書部，根本沒有「文藝」這一分類。不少牧者講道與寫作，都是一副「我講你要聽」、「現在我教你一些做人的道理」的腔調，完全違背傳播學 ABC。單單視修辭為塗脂抹粉，自是淺薄的看法，只會瘦化文字的指涉功能。《漢語大詞典》就認為修辭是要「運用各種語文材料及表現方式，使語言表達得準確、鮮明而生動有力」。

可惜的是，基督教的文藝作品，數量不多，水準也普遍不高。雖説「物以稀為貴」，但「稀」是否一定「貴」，當然有爭議。「文藝」不等於「文藝腔」，「有修辭」不等於「好修辭」，不要以為把一大堆漂亮的形容詞湊在一起，將文章的節奏拖慢，就叫做文學。試看下文（由於是負面舉例，恕不標明出處）：

一個炎熱的中午，嬌陽似火，耶穌步行撒瑪利亞

> 的敍加城，口渴肚餓疲累，艷陽高照下，喉乾舌燥，眼前忽然出現一位婦人在井旁打水，在地位身分、文化背景、性別優劣各種考慮下都是不配的一個小婦人。耶穌卻從容自在地向這個婦人表露自己的缺乏和需要：「請你給我水喝。」

這是一段用語優美、意象粗劣的文字。「嬌陽」與「艷陽」當然嬌艷，但怎會成了「口渴肚餓疲累」、「喉乾舌燥」的背景？為甚麼不簡單的用「烈日」一詞？（辭典中有「驕陽」沒「嬌陽」；而且，「嬌」陽又不是辣妹，怎會「似火」？）說耶穌「從容自在」當然夠雅，但那時祂「肚餓疲累」、「口渴喉乾舌燥」，兩相對照其實很滑稽。文字所指涉的意象世界，儘管可以天馬行空，但必須合乎常情，否則只是在作霧自迷。

近年香港媒體的語言愈來愈浮誇失實，某些基督教機構也沾染此風，儘用些最高級數的形容字眼，連篇累牘，跟社會一起「超級無敵勁爆」一番。然而吹噓一番不見得就能弄假成真，反倒使文字與其所指涉的意涵脫鉤，加劇語言世界的混亂。

我們正活在一個充斥「假大空」、「腥色偽」的語言世界中，幾份暢銷的報紙讓我們「看得愈多，知得愈少」。二十一世紀談「文字的救贖功能」，也許正是指以文字來揭露語言／文字世界的虛妄，從而顯出一個真實的人性空間。

我深盼有心者能共肩此重任。只是，華人教會的文字作品，仍在兩極間遊走，不是皮黃骨瘦，就是臃腫難分，窈窕淑女者，鮮矣；奈何奈何。

行有行話，國有國語

有識見的文章，讓我們從一個出乎意料之外、卻又合乎情理之中的角度，觀照宇宙人生。反之，則是那種早在意料之中、卻在情理以外的文章。

大學時有位弟兄向我說，未信主前他「在罪人中是個罪魁」（參提前一15）；我心想：咦，到底他是想暗示他是當代保羅，還是想透露他曾殺人放火、姦淫擄掠？兩者我都無法證實，比較可能的解釋是：他當時在犯「誇大」的罪。這些年來我閱讀不同的見證分享，不時都能重溫當年那一幕情境：小嘍囉裝大阿哥、小廚師裝大食神、小病痛裝世紀絕症，合而觀之，大家彷佛在進行著一場誇大比賽；而且東一句經文、西一句聖經典故，還以為是在看經文彙編。

這種現象早為人詬病，但言者諄諄，聽者藐藐，大家還是樂此不疲。最近回想一位叫「秀美」的姊妹所講的一段話，我才隱約明白大家所樂何事。她說，以前看見身旁弟兄姊妹的名字都可以在聖經中找到根據，自己的卻不能，覺得很失落，直到看見雅歌「我雖然黑，卻是秀美」一語，才釋然過來。

基督徒喜歡「傾金句偈」、「砌經文彙編」，大概也是求個心安。一個人信主後，往往急於融入教會這個新羣體，於是他會模仿這羣體的一切，包括語言。所以明知怪怪的，大家仍然「巴不得」以此來「交通」一下。

一切得從聖經講起。華人教會慣用的和合本聖經，畢竟是一個世紀前的譯作，裏面不少用語至今已不適用，例如「康健的人」（太九 12）、「人間的遺傳」、「世上的小學」（西二 8）等。語詞是有時代性的，譬如，以前慣用的「摩登」一詞，現在多數轉用「時髦」、「新潮」，而年輕人則說「好 in」。對一個年輕人說他很「摩登」，他大概聽得很刺耳，甚至懷疑自己穿得「好 out」。語詞的通行有整個時代作為後盾，事過境遷，便會有認知上的差距、隔閡。

此外，聖經畢竟是異文化的產品（不要跟我說甚麼聖經是超時空的永恆真理的大話〔grand narrative〕，我談的是詮釋的問題），當中不少語句雖然能知解，卻缺乏相應的語境來產生共鳴。在漢語語境中，「耶和華是我的山寨」（參詩十八 2）自然使人聯想到「落草為寇」、「逼上梁山」、「押寨夫人」等話；而那位「鴿子眼」（歌一 15）的美少女，大家也無福消受——鳳眼還好，廣東人又怎受得了妻子的「白鴿眼」？幸好不少信徒已條件反射的認為無論聖經怎樣説，都是最好最妙最誇啦啦。

而當我們想講述自己的經歷時，聖經偉人自然成為最佳的模仿對像；然而我們的處境畢竟與這羣異時空的偉人不同，難免會有不恰當的代入，削自己的足去適聖經的履，出現誇張、失實、簡化、不搭調的情況，於是一人有一根刺、個個都是罪魁、大家都走過死蔭幽谷……似乎講了很多話，其實甚麼都沒交代清楚。

文字能重構我們對世界的印象，失效的語言卻將人間異化——到底我們在塑造一個怎樣的世界圖象？偏差的世界圖象不單難以與人溝通，更有可能扭曲了自己，甚至無法正確了解這個世界。

基督徒説話、寫作時引用聖經，本是天經地義的，但也要懂得節制，要效法聖經的精神，而非單單聖經的字句。文字事工並非在推廣基督徒的行話（jargon），而是要以公用語言，進入公眾空間，傳情達意，與受眾對話。

基督教文學不是照鏡子的豬八戒

耶穌的同鄉說：「拿撒勒還能出甚麼好貨色！」祂自己也說：「先知在本地是沒有市場的。」（意譯）這兩句話頗能借用在基督教文學界（如果有的話）。華人教會過去因種種內緣外因，沒有出過甚麼文學作品，結果惡性循環，到後來就算有比較像樣的東西，主觀上我們已把它判定為「次貨」。於是，要成為教內外皆有名的作家，往往要經歷「先外銷，再進口」的過程：先在外面闖出名堂，才有機會衣錦還鄉，證諸胡燕青、黎海華等作家即知。

所謂「外銷」，是指在外間的出版社出過書，有一定的知名度，否則就連歸類也可能出問題。譬如已故藝人陳成貴的見證《雲中的約會》，雖然不是文學作品，但你如果是非基督教書室的老闆，起碼也應該把它放在人物傳記一欄吧；然而我逛旺角一間二樓書室時，赫然發覺它廁身在一堆神學書中間！也許老闆認為基督教出版的就是宗教書籍，宗教書籍歸入神學類，準沒錯吧。當然，就連自家人也會誤把馮京作馬涼，我就曾在某基督教書樓有關家庭輔導的書櫃中，找到一對基督徒夫婦合著的情書集，相當有趣吧！負責人大概認為本教怎會出情書這類靡靡之音，一定是意在言外，暗藏玄機，沒想到該書果真老老實實的在談戀愛。說真的，我們又有幾回真的視詩篇為詩，以讀一首詩的心情讀它？所以即使基督教出版社願意出版純文藝的作品，非基督教書室不相信它會寫得好，基督教書室嫌它沒有屬靈深意，雙方都不太願意入貨，基督教文學真是豬八戒照鏡子——裏外不是人。

可是這頭豬八戒面具背後的真貌又如何？我送了基督徒遊行攝影師林東生的散文集《我曾經浪漫》給一位姊妹看，她看完後說：「噢，好看，有趣，看的時候一點壓力都沒有。」其實，話中有話。基督教傾向沉重：我們總有一大堆的承擔、責任、使命，讀一本書總有人問你有何「得著」。杏林子的作品之所以能在基督教界賣個滿堂紅，因為我們視之為勵志小品，相信讀後可砥礪生命。然而美感卻是非關功利而生的愉悅，文學亟亟追求的往往是一種輕盈。輕盈不是輕浮，輕浮是變相的沉重。盈者，滿也溢也。有甚麼是愈多愈輕、愈滿愈輕？輕盈本身就是一個弔詭的境界——輕到滿溢仍是輕。這怎麼說呢？我為《我曾經浪漫》寫的序中，引了一段值得細嚼的話：「作家……站在更全面的人的立場，通過化解語言中權力結構的方式，維護真正的人性，維護人類完整的感情，爭取心靈、意識的自由和解放，爭取精神的完善與自我超越。」以文學語言化解世俗語言對人性的粘著，恍如洪七公與歐陽鋒相擁而亡，只餘下兩人在恩怨盡消後的愉悅笑聲。

甚麼是基督教文學？是否要如魯益師「那裏亞故事集」，暗藏聖經故事、神學觀念於情節中？還是連那種透過文學語言，化解我們在紅塵中的意識形態，一嘗真實人性的喜悅的也包括在內？但無論如何，一經定義，我們又要想辦法去化解這個牢結，還文學一個輕盈。

鏡子控訴她
你看你，肥得像豬

你發神經哪
為什么用報紙把
鏡封起來！
媽媽也加
入控訴的
行列

·李師奶語錄·
豬八戒不照鏡子
肥得更快！
·李小編自強格言·
家人的激勵是最強
的動力！

政治正確，文學「塞禁」

一樁不知該歸入思想史還是文學史的公案：有一回，不苟言笑的理學家程伊川碰見風流才子秦少游，就問他：「『天若知，也和天瘦』是你寫的詞句麼？」少游心中暗喜：連你老古板也會欣賞哦；於是謙恭一番。殊不知程夫子立即板起臉孔：「上天尊嚴，豈可任意侮辱！」咱們少游兄尷尬死了，只好暗嘆一聲：不解風情。

每次提筆為基督教刊物撰稿前，我都要確定那份刊物從形式至內容的尺度到哪裏，自我審查一番，才敢動筆。基督教文字界自有一套遊戲規則。為所屬宗派寫稿，我一本正經；為自己教會寫文，我輕鬆活潑；為《基道閱讀》撰文，哈哈，肆無忌憚。

當大家談「基督教文學」時，到底有沒有考慮過文章的所屬權是歸於作家還是教會所有呢？作品是要向作家負責，還是向教會負責呢？（當然，教會是要向信徒負責的。）作家需要的是自由，教會需要的是規範，自由與規範難免存著緊張的關係。文學語言企圖將早經定義、顯得呆滯的日常語言陌生化，傳達出個人活生生的獨特感受，開拓那未經言說的沉默世界。高行健說：「文學首先誕生於作者自我滿足的需要，有無社會效應則是作品完成後的事。」這種自我滿足源自生命創造力的趨求，所以馬克思以為「非異化」活動在於人類創造力的表現。我相信人類只有在創作（取廣義）時，才能突顯出個別主體的獨特性。我也相信，創作力源自人所存留的神的形象。自由與規範間的緊張關係只存在於個人與現實教會之間，卻不必然存在於個人與上帝之間——當然我們必須審視原罪對人性的扭曲。

只是我們總不能要求每個作家都好像高行健般只為自己寫作。要發表要出書，就要投其所好。偏偏咱們的機構上上下下都缺乏有文學底子的人，又普遍存著外行人領導內行人的情況。於是我們可能以宗教的尺來量度文學的圓。我們先會用系統神學的標準審查作品內容，再用問心事的方式檢查作者的品格（包括其宗派、教會背景），然後以大使命的準則來判斷它是否對傳福音起作用，再然後考慮它是否有市場價值。——至於它本身的文學水平，抱歉說句，許多時我們反而看不出來。主角淪為沒有唱詞的跑龍套。

真正的文學家能否刻意培養出來呢？我不知道。我只知道文學創作的空間很容易被扼殺掉，我們必須盡力去除那些對文學的干擾。王弼在《老子注》中以「不塞其原，則物自生」，「不禁其性，則物自濟」來詮釋道家「不生之生」的境界。文學若是心靈的自然訴求，就會自生自濟，毋庸揠苗助長。然而在中國人長期防範異端，要求「政治正確」的環境下，文學這種在規範以外的語言，容易引起在位者因陌生而生的不安和恐懼，於是有意無意的阻塞、禁制文學的發展。而作家微小的姿態，又怎敵得過政治鋪天蓋地的箝制？華人教會秉承中國傳統，要求大家規行步矩，有羣體沒有個人，以「劃一」取代「合一」，所以就算我們真的有優秀的作家，他們也很可能會選擇高行健所謂「沉默」與「逃亡」的兩條路。由是，我竟對許多年前一位團友的話發出會心微笑：「不破壞，已是我最大的貢獻。」

話說回頭，程夫子與少游兄那樁公案，放在思想史中，當然稱道前者；放在文學史中，自然同情後者。小弟談基督教文學，順得哥情失嫂意，既知道嫂子受了委屈，又明白哥哥持家辛苦，情急之下，竟然膽大妄為的說：「哥哥，嫂子真心想對你好，你總不能以男人的邏輯來量度女人的作為。話說在前，這樣下去，萬一以後嫂子出去偷漢子，甭怪我沒提醒過你！」

一個比喻的兩個死因

中學生學的比喻修辭格，通常將比喻分成三類，明喻：「她像一朵花」；暗喻：「你是一條哈巴狗」；借喻：「一山不能藏二虎」。

黃慶萱教授在《修辭學》裏說：「譬喻是一種『借彼喻此』的修辭法，凡二件或二件以上事物中有類似之點，說話作文時運用『那』有類似點的事物來比方說明『這』件事物的，就叫譬喻。它的理論架構，是建立在心理學『類化作用』（Apperception）的基礎上——利用舊經驗引起新經驗。通常是以易知說明難知；以具體說明抽象。」

比喻是一種基本的寫作技巧，如果連比喻都看不懂，就很難進一步談到文學。

耶穌講論的天國道理，超過當時猶太人對信仰的認知，於是祂就地取材，以農事、筵席、僕人等尋常事物設了許多比喻，讓聽眾就著日常生活的經驗，感悟天國的道理。這當然是耶穌慧黠之處。

不過，第一個用花比喻女人的是天才，第二個已是庸才，第三個就更是個蠢才。今天我們若以為將耶穌講過的比喻依樣畫葫蘆的說一遍，就可以達到同樣的效果，就大錯特錯。當年耶穌跟那位因受盡白眼而須在烈日下打水的撒馬利亞婦人談道時，以「活水」比喻真道，自然深得卿心；但今天我們傳福音時，向人說真道是活水，又有多大感染力呢？

黃教授說：「老掉了牙齒的譬喻實在不能給人新穎的感覺，再也不能予人意外的驚喜。有些譬喻，原來的意思可能很貼切，所含的意象可能很豐富，只因為襲用多了，失去了新鮮感，變成引不起反應的死喻。」

一個比喻因操勞過度而死，總算死得其所；但若因人冒名而受到連累，就真是死得不明不白。

過去絕大部分的解經家都將比喻寓意化，作出一種近乎借題發揮的詮釋，美名其為靈意解經。當耶穌說天國（喻體）像買賣人尋求好珠子（喻依），祂只是說天國如珍珠般寶貴，值得我們撇下一切去尋求。通常喻體與喻依間只有類似點，在本質上卻是不同的，但解經者卻進一步將珍珠寓意為試煉的可貴——珍珠是由於沙粒進了蚌殼，蚌受到刺痛，分泌物一層一層的包裹該沙粒而形成的。這樣的解釋看似巧妙，其實沒有增加我們對真理的認識，因靈意解經往往只重複一些基要真理，反倒因這干擾而忽略了經文的原意。站在文學的角度，則完全是對文學語言的誤讀。

然而基督教在西方有著豐厚的文化傳統，比喻靈意化產生的問題還不致太嚴重。但基督教在中國，就缺乏成套的基督教文化傳統作為後盾，華人教會文化主要由華人釋經傳統所形塑，比喻靈意化也就成為基督教文學發展的其中一道路障。（事實上華人釋經傳統中，對文學語言的解釋常出現問題。）雖然近年華人在釋經上有長足的進步，但要移風易俗，相信還要好些時間。

一種很奇怪的文學氛圍由是在教會內形成，就連打個比方，都要誠惶誠恐，因為所有喻依都可能進一步被寓意化，一個不小心就會被無限上綱。而文章裏只要多用一點寫作技巧，就有許多人大喊看不懂，要求你寫得簡單點；很少地方會像教會這樣，作者須要不斷降低水平來遷就讀者低處未見低的閱讀能力。

最近看了很多高行健的作品，有些看得懂，有些看不懂，而我卻深深體會到，沒有好的讀者推介，好的作品將會被湮沒。作者與讀者，其實相濡以沫。我們真的缺乏好作者嗎？還是我們缺乏的是一大羣好讀者呢？

高以下為基，整體的觀賞與寫作水平不高，就算珠玉在前，都好像——舉個大家都明的比喻——把珍珠丟在豬前，恐怕牠踐踏了珍珠後，還要轉過來咬你。

肉身的自憐——華人見證集給我的印象

王進士家裏失火，家財盡燬，柳宗元竟然寫信去恭賀他。原來王進士家財萬貫，所以縱然人品高、學問好，大家都不好意思表揚他、舉薦他，人言可畏嘛！現在好啦，王進士一無所有，大家可暢所欲言，不怕別人說自己要巴結他了。柳宗元當然要恭喜他賀喜他。

不少基督徒都是溫良恭儉的，平常跟人講講見證，自然榮神益人，若要將見證寫書成文，倒也真的有點難為情。但也有例外，那就是遇到「絕路－重病－傷殘－死亡」一類的情況，這恐怕是華人基督徒見證集多以此為主題的原因。很長的一段時期，我對這種「傷殘文學」（不是「傷痕文學」）頗感厭膩，但最近則另有他想。

據說香港人的新偶像是李澤楷，背後反映的意識形態，不言而喻。偏偏基督教見證集的主角通常不是「財子」而是「廢人」，頗有一種反動的味道。這使我想到當年耶穌的「擁躉」多為稅吏、妓女、殘疾等社會邊緣人，由他們所組成的宗教，自然與世俗社會格格不入，甚至在世俗價值觀外另立座標。

譬如，杏林子一系列的書、蘇恩佩的《死亡別狂傲》、楊牧谷的《再生情緣》，雖然皆以重病為背景，但內容上則能突破一己之限制，提升至人文關懷的層面，頗有「負傷的治療者」的意味。

然而，「傷殘文學」同時存在著不少的問題。當我們要作宏觀檢討時，先要撇除剛才提到的作品，情況一如跳水比賽的評分制度，扣除評判團最高與最低的兩個分數後，才是真正的得分。

基督教的文字作品，普遍存有「小小事實，多多議論，大大感慨」的情況，也就是說，事情還未講清楚，所營造的意象還未足以讓讀者投入其中，就急著哈利路亞的讚美主，然後勸讀者早早信主、不要疑惑。作家王鼎鈞說：「作家所追求的成就，是以最具體的事件給讀者感性上最大的滿足，再引起讀者理性的活動，作高度抽象的思考。」我們必須相信讀者有能力透視表象背後的意念，太過著迹的文字，往往適得其反，套用友人的話：「唔止畫公仔畫出腸，簡直畫出 DNA。」結果寫的人覺得很「感動」，看的人覺得很「空洞」。可惜華人教會的文字觀仍非常工具性，要讓大家分辨出好壞文章的差異（誰好意思指著一篇「血淚交織」

的見證，説它不好？），繼而提升整體文字水平，看來仍荊棘滿途。

此外，杏林子等人皆能從「窮途」中指出「新路」，可惜等而下之，大部分華人見證集的焦點，只停留在肉身能否得醫治上，以此印證上帝的保守；退而求其次，則求延年益壽、勇敢面對。見證中充滿對肉身的自憐，最多講講弟兄姊妹的愛心，視野相當狹窄，縱然滿紙屬靈字眼，但肉身彷彿已成了一己榮辱得失的所在。

雖然這是他們真實的感受，但我卻擔心這種「人的盡頭是上帝的開始」的故事張力，會否將上帝逼至牆角，成為「隙縫中的上帝」（God of Gap）。作為一個營役於紅塵的小信徒，我很難從中看到如何在人倫日用中自處之道；然而傳記和見證，都無可避免地會樹立起一個理想的人格，供一般人踐行其履。

可是我們的見證往往始於「病發」終於「病癒／歿」，始於「墮落」終於「悔改」，缺乏「人在旅途」和「信主後掙扎成長」那佔人生壓倒性的一大段。所以即或在傳福音時，我們也只好半帶恫嚇地向受眾説：「如果你今天就……」

於是我想起梁家麟的自傳《走過從前》，沒有「死人塌樓」的內容，卻有一個信徒掙扎成長的反思，並且見證著香港教會在七八十年代所面對的種種問題，是一本切近信徒實際生活的見證集，在趣味盎然之餘，一樣有深刻的反省。這類的作品，如果能多一些，一定有助信徒在日常生活中反省信仰、實踐信仰。

我相信，華人見證集可以、也應該有更寬廣的視野；我們也應該有氣魄在王進士家裏未遭火災前，表揚他的學問與人格。

細節的年代

上寫作班時，老師說：「要留意細節。」細節不是瑣碎，有些人小小事情就可以嘮嘮叨叨寫下千言萬語，那不是注重細節，否則文學只是用口水來使人溺斃。

孔子有個學生叫子路，粗線條得很，年輕時曾欺凌孔子，是個市井青年。孔子說他收了這個徒弟後，沒有人敢再對他惡言惡語——可以想像子路有多惡形惡相。只是，別人沒有對孔子惡言惡語，不代表子路沒有，《論語》就記載他常常頂撞孔子。子路彈琴，孔子聽得皺眉頭，說：怎麼會是我的學生？大概子路彈得像在廝殺一番吧。孔子有次隨口說了句：「子路這種性格，一定不得好死。」結果不幸言中。晚年的子路在衛國當官，衛國發生叛亂，子路雖然不在國內，且年事已高，但性格使然，仍衝回國內救駕。叛軍派出兩名年輕力士與他對決，一刀就把他的冠帽劈下，另一刀快將劈下時，子路喊道：「慢著！君子不能死得衣冠不整。」然後整肅衣冠，從容赴義。據說，他死後被剁成肉醬。

三歲定八十，性格定命運，對大部分人來說，信主前後的分別常常是不太明顯的。我上傳福音的課，導師教我們寫那種信主前後有南轅北轍改變的見證，叫我懊惱。信主後，我也會附庸風雅的做些基督徒應有的標準動作，卻仍是按著過去的性情行事為人，一如子路「劏牛式」彈琴，叫別人看得皺眉；如果我做得叫人拍案叫絕，那也是因我本來就有此才華，跟信主與否無關。當然，你可以説，願意做這些標準動作的心，就是變化所在。不過，我看自己、看別人，都覺得很多時，那是野心對象的轉移，而非心意更新。所以教會內同樣可以人事複雜，糾纏不清。

我需要較長的時間，譬如説，十年，才能看到較實在的改變，看到自己如何從一個吊兒郎當的人變成一個能承擔責任的人。不過，那是一個過程，是過百集的長劇，而不是九十分鐘的電影。當然，那也不是時下的電視劇——峰迴路轉得有點矯揉造作，忠的會變奸再變忠，奸的會變忠又變回奸，不到最後一集，仍不知忠的是忠還是奸的是忠，奸的是奸還忠的是奸。一般來説，我們的人生只是一齣收視不高的沉悶長劇，角色性格相當「連戲」，溫柔的仍是那麼溫柔，剛烈的仍是那麼剛烈。而除非處身甚麼動蕩不安、人人皆可成主角的年代（如文革），否則我們都是小配角。

我們的人生，大勢已定，撇除外在環境和先天稟賦，人生，幾乎是細節定輸贏。子路之死，早在預料之中，而他死前對衣冠整齊的執著，難免叫人啞然失笑。人之將死，本性盡露，子路死前的那一個細節，其實是對追求成為一個「君子」的執著。子路死，孔子哭喊：「啊，老天要了我的命！」作為老師，孔子清楚得很，子路一輩子念茲在茲的是要成為君子，他死前的那一個細節，那個生死之間的一念，已撥開紛紛擾擾的成敗得失，證明他已心意更新而變化，求仁得仁。難怪子路雖然是孔子罵得最多、罵得最兇的學生，卻也是他最疼愛的幾個學生之一。

好的電影，總是透過一句不經意的對白，一個不著痕迹的鏡頭，一個一閃而過的眼神，展現故事的轉折。爛的電影，總是哭哭鬧鬧、大大聲聲、造造作作地把一切的一切，交代得清清楚楚，惟恐公仔未畫出腸。本來，有些人的人生，的確是戲劇化得很，用戲劇化的方式展現，也算恰如其分。只是，若本是平凡卻故作驚情，則由於形式與內容的落差太大，反而產生一種疏離。

這是一個不注重細節的年代，而這偏偏是一個細節定輸贏的年代。我們都那麼粗枝大葉，結果錯過你我一則又一則本是最可觀的細節，只賸下一個又一個刻意放大的起承轉合。這是為何這個年頭，見證愈來愈不可觀的一個理由。

我有我編見

一個文字工作者的煩惱

常常在教會聚會中，聽到不同的信徒分享說：「病人的心最軟，最容易接受福音，希望大家支持醫院佈道事工。」「這羣少年人內心很純潔，難道你願意看到他們墮落嗎？請參與探訪男童院的事奉。」「你知道每天有多少內地人移居香港？他們當中又有多少人會住在北角區？所以……」「崇拜是我們的首要使命，詩班代表會眾向神獻上嘴唇的祭，所以……」

每次聽到這類呼籲，我都有點羨慕，倒不是羨慕他們所事奉的聖工（對不起哦！），而是羨慕他們能公開呼籲別人加入他們的行列。如果有一天，文字事工也可以上台呼籲人參加，你說有多好呀！——罪過罪過，我是不該這樣想的，那簡直是自討苦吃。

好文章難求，高調徵稿，最容易惹來那種過度熱心的投稿者，那對編輯來說簡直是一場噩夢，因為接二連三繼四續五的電話就會臨到：

- 「我昨天寄了一篇稿來，你們收到嗎？……還未？……」
- 「沒甚麼事，我只想看你們收到了嗎？……收到了，那就好了……」
- 「王編輯，我想知你們看了那篇稿嗎？……噢，還沒時間，那麼……」
- 「礽福兄，又是我，想看看……怎麼？不合用……為甚麼？我可以修改呀……」

能修改我早就幫你改啦，你要我怎樣回答呀！難道照實說你的文章言之無物、文句不通、錯字連篇嗎？——作為一個機構同工，你也知道，我是要保持一定水平的愛心的，尤其是面對這種誠意可嘉的人，所以這種話我是絕對不會說出口的！於是，我不入地獄誰入地獄，撒了個白色謊言了事。

高調又危險，低調又沒稿，編輯有時真像豬八戒照鏡子——裏外不是人。火燒眉毛時，只好自己來寫，以前教書時編校報就試過有三分之二的篇幅都是我的文章，一個人化身不同筆名，用不同風格來寫，差點人格分裂。到現在，能耍的板斧都耍盡了，朋友拿起我編的刊物，就會「陰陰嘴笑」著說：「這期又有哪幾篇是你寫的？不過，你就算不說，我都可以一眼看出來……」

有次幾個文字工作者坐在一起，大吐苦水後，就互相邀稿，或者答允幫對方的機構一個甚麼忙，來換取一篇文章。如果不能儘快培養新一批的文字工作者，我們就晚景淒涼了。

所以，除非是接獲上面那種「奪命狂呼」式電話（其實頭三類電話，我們都很願意回答，但第四類實在有點「趕狗入窮巷」的感覺），否則文字工作者都很願意培養新人，能刊登的儘量刊登，能改的儘量改，讓他們逐漸成長，也真心冀望他們有一天能獨當一面。每逢看見過去文筆不怎麼樣的作者的文章突飛猛進，我就會高高興興地向人推介。

前一陣子在台灣開會，在一個有關編輯技巧的工作坊中，當大家談得興高采烈，討論怎麼樣的文章還可以改，怎麼樣的文章算是藥石罔效時，一位老編輯很嚴肅的說：「現在不是好菜爛菜的問題，而是有菜沒菜的問題，就好像颱風過後，全都是爛菜，不吃就沒得吃，那你要不要吃？編輯不應該挑三揀四，擅改稿件，而是要看怎樣把它煮來吃。當編輯的，尤其是年輕的編輯，應該謙卑些！」比喻舉得那麼好，我這個小編輯突然有一種早該「認命」的感覺，彷彿這輩子就只堪在爛菜堆裏……

李麗珊勇奪奧運金牌時說：「香港運動員不是垃圾」，甚麼時候基督教文字工作者也可以自豪地說「基督教文章不是爛菜」呢？

李小編，又收到爛稿了嗎？看你托著腮，頭頂冒煙了呢！

是的，這個作者詞彙貧乏同一個比喻用了好几次
害我以為自己思覺失調，不知自己是否在重複看同一篇文，誰叫是我約的稿，唯有認命，

眼力不夠，收稿後又沒有看清楚，事到如今，可不能退稿，哈，死馬當作活馬醫吧！
讓我看看。

這几篇裡都用豬八戒照鏡子的比喻
你慢慢看

偽裝的理想

基督教文學不是照鏡子

一個文字工作者的煩惱

這些都是我的文章呀

編輯人的風骨

那一年我正為轉工的事情踟躕，牧者跟我講了這個故事：一位編輯請人翻譯一本書，待書已翻譯好，這位編輯才發現這本書的內容有問題，要出版的話，既對不起讀者也對不起出版社。他覺得這是他專業判斷上的失誤，不應該要出版社承擔這個責任，於是自掏腰包付了翻譯費，就此了結這個出版案。

每一種職業都需要一些英雄人物來自我肯定其專業性，從而訂出這種專業的制高點。聽罷這個故事，我心裏就有了一把尺，成為我在編輯生涯中的一個座標。

後來，同樣的情況真的發生在我身上。我請一位朋友半義務性質地做一些錄音記錄，然後給講者修訂成書。原打算出版後在作者的版稅中抽出部分來作朋友的車馬費，然而那些錄音記錄做得並不理想，必須再作不少的潤飾才能使用。我本想私下完成這工作，但不久我離開原出版單位，稿件也就耽擱在我身邊一段時間。這時候，外圍環境的一些變動，使到這個出版計劃的價值大大降低，於是上面的故事開始縈繞腦際。

作為一個窮編輯，這是一個不容易的決定，而我也知道那位朋友若知道真實情況，一定不肯收下酬勞。然而我一向堅持作工的得工價是應該的，絕不能虧待人，所以掙扎良久。期間這位朋友碰巧經濟拮据，我知道後就找個藉口給他一點小錢，算是有分助他渡過那段緊日子。又隔了好長的一段時間，我才跟他説出版計劃已不了了之，然後塞給他一疊面額不大的書券，算是一點象徵式補償。我猜他大概也搞不清書券是我給的還是出版社給的。

我不認為我因此就很了不起，我所付出的金額跟心目中的還有很大的差距，我仍有虧欠。不過這件事讓我有信心繼續在編輯界混下去，因為我相信我已開始培養起一個編輯人應有的素質。踏出這一步，以後我應該可以走得更穩妥更踏實。——原來做任何事，若能撇除個人的利害考慮，就容易做出正確的判斷。

當然不是凡有錯誤都應該由編輯獨力承擔，我也見過有出版社不分青紅皂白就把所有的失誤全推到編輯身上，這時候編輯就不能任人魚肉。編輯作為一個出版把關人，有些不白之冤是不能隨便蒙受的，否則我們的專業身分就無從建立。這種專業的身分使我們有信心説出哪些書應該出版、哪些書不應該出版，以及應該如何出版。

我還想講些有關編輯的逸事（基於保密原則，內容作了一些修改）：

- 社長交下一疊文稿，但編輯覺得稿件在學理上很有問題，不值得出版，堅持不肯編輯。他跟社長以至作者都談過後，社長仍然希望出版此書，這位編輯就把書稿放在案頭，卻從不沾手，社長也拿他沒辦法。
- 有些出版社會為個人或沒有出版部門的機構製作書籍，這屬於生意，當編輯的就談不上有甚麼關可把。有一次一位編輯卻在付梓之前，把版權頁編輯一欄鉤走，表示此書水準太差，他為到自己編輯此書而感到羞恥，不願出名。（這做法頗有名士氣，卻不無爭議。）
- 社長的掌上明珠要出書，頗有些人認為社長千金的文章不錯，不過一層過一層、來到總編輯處時，卻遭否決，連社長也莫可奈何。

——他們的判斷有可能錯誤，也可能被批評為剛愎自用，但縱然有滄海遺珠，在他們的把關下，我們有信心所編出來的書，好的多、差的少。編輯做的都是一些幕後工作，除非是行內人，否則一般人——包括許多出版社的社長——根本搞不清編輯的重要功能，遑論編輯的風骨如何影響出版事業。編輯人必須兢兢業業、自得其樂，他們要學會只向自己的良心負責。

近年來連基督教出版界也變得愈來愈商業化，然而可以肯定的是，出版界仍然有一羣孤臣孽子，持守信念，有所為有所不為，做著一些不足也不必為外人道的傻事情。因為有他們，編輯這一行仍然值得混下去。

有鼻有眼，怎會不美？

夏日炎炎正好眠。還在唸中學的我躺在碌架牀上格，半夢半醒間知道有人來探望祖母，房門半掩，談話隱隱約約的傳到耳中，閒話家常，零零碎碎，無啥足觀。祖母對訪客說：「妳的孫女兒真美。」一言驚醒夢中人，立時從碌架牀跳下，裝作去廁所。嘩啦啦，真箇看眼難忘，反正就跟現在流行的「大、白、瘦」審美標準剛好相反，嚇得我「花容失色」，匆匆如廁匆匆回房關門上牀再睡個大懶覺。

一夜，家人閒聊，祖母不知又誇起誰家的女兒漂亮，我沒大沒小的說：「都嘛騙人的，那次某某帶著孫女兒來，妳不也是誇她孫女兒美嘛，我走出來一看，嘩，真是沒尿都嚇出尿來咧！」祖母用閩南話認真地回答說：「有鼻有眼，怎會不美！」

時光荏苒，我由一個沒大沒小的中學生，變成一個沒大沒小的文字人，徜徉書林、沉浸字海，宰相肚裏可撐船，書生肚裏只有不合時宜，寫書評，論世事，常常口沒遮攔，到處得罪人。

試過有朋友和出版社出書，請我推介，我說書儘管送來，推介不一定能作：馬馬虎虎的書，不推介；不痛不癢的書，不推介；可有可無的書，不推介；立論偏頗的書，不推介；詰屈聱牙的書，不推介；沒有共鳴的書，不推介——要說話就只能實話實說，但這大概不是對方想要的。我以文字工作為生，名聲雖然不大，卻是多年來一點一滴累積起來，不能因盛情難卻就胡亂吹噓自砸招牌，否則以後還有誰信我是直筆直書的呢？

小伙子尚且惜名如金，然而我卻驚訝於有些知名學者為別人所寫的某些書序書介，雖然極盡褒揚之能事，但翻閱該書內容，卻完全是另一回事，有時甚至是慘不忍睹的。所以，我不禁又沒大沒小的想向某些前輩說：你們的名聲比我大，學問比我好，人品比我高，怎能那麼不負責任的明知某些書素質不好，卻硬因盛情難卻而亂吹亂擂？我不相信以你們的學問閱歷會看不出那些書的問題所在，你們知道讀者是因著對你們的信任才買那些讀後無益以至倒掉胃口的書嗎？現在讀書風氣不長，我們已糟蹋不起讀者任何一次閱讀機會，必須誠誠懇懇地告訴讀者哪些書真的是我們由衷的希望他們閱讀，縱然他們讀後未必喜歡，那就只能歎一聲有緣無分，但最少他們知道我們不是在喊狼來了。而且你們這樣做，又真的能幫助那些作者、出版社嗎？豈不是讓他們活在虛假的想像中嗎？你們知道你們這樣做，會毀了讀者又毀了作者、出版社嗎？

我的前輩，除非你告訴我你的評書標準是——「白紙黑字，怎會不是好書？」那麼，我無話可說。

受訪者B：精裝四色粉紙超貴勁薄聖經地圖集

白紙黑字好，夠清楚嘛，印文字當然是白紙黑字啦，但圖片和地圖，還是彩色好，誰看黑白的地圖？你看看，就知我物有所值。

受訪者C：專色道林紙印製濛濛朧朧女性成長讀物

白紙黑字好，夠man嘛，但是女孩子都是溫柔一些好，不過，沒有man，又怎顯出女性的溫柔呢？

知識就是权力，你看它們多么官官相卫，可是裡面又埋藏著千古不變的文人相輕味道，推介要看，但也不能不細心分析

編輯是個壽司師傅

常常有人問：編輯做些甚麼？一般人會想，文章都已經寫好了，不就只差打字、排版嗎？除了找錯別字，編輯還有啥可做？許多時連當編輯的都不知道該怎樣回答；知道怎樣回答的又不知從何說起；知道從何說起時，對方又沒耐性聽下去。為了確立編輯的職分，或者說，為了保住編輯的飯碗，我必須用一種聽起來很顯淺，感覺上很專業的語言向大家解釋一下。

話說有一天，當我追看漫畫《將太的壽司》時，突然靈光一閃——咦，編輯豈不像個壽司師傅麼？

之前已有好些前輩為編輯打過比方，或說編輯像廚師，或說編輯像個為他人作嫁衣裳的裁縫師，這些講法都不錯，卻略嫌角色太搶鏡，不及壽司與壽司師傅之間那種若即若離的微妙關係。

就算壽司師傅在你面前捏製壽司，吃下去後你也不知如何稱讚他，是魚生新鮮肥美還是師傅的技術高明呢？不就是一片魚生放在一小個醋飯糰上嗎？似乎人人都會做，但口感卻又千差萬異，這種莫名所以的差別就是編輯的工夫！

香港的甭提，日本的壽司師傅是要親自採購魚料的，過程非常考究。編輯要有眼光判斷甚麼文章值得刊登，甚麼書值得出版，這種眼光是長期沉潛在書海中所鍛煉出來的。

買了魚就要處理，削皮去骨切片都有學問，就連畫在魷魚上看起來隨意的幾刀，都考刀法。每篇文章都有或多或少的砂石須要去除，有時候甚至要大刀闊斧、加工重組，才能帶出文章的鮮味。

吃壽司時，魚生與醋飯必須混在一起，口感才佳。可惜香港吃到的壽司，那片魚生往往薄得不成比例，有時醋飯糰更會硬得像隔夜飯或軟得像「醋粥」。我們可以把醋飯糰和其他配料比喻為字款、版面設計、用紙與印刷等，本來是次要的成分，做得好時可提高其色香味，搞不好時卻令人倒盡胃口。這部分有賴文編與美編溝通後的化學作用。

太卷、加州卷一類的壽司，裏面的餡料不是隨便拼湊在一起的，小黃瓜、煎蛋、蟹柳的配搭，互相調和，合起來又有另一番風味，就好像一份刊物中有不同的文章，之間的觀點容有不同，加起來卻呈現出刊物的風格。如何配搭？當然又要考考編輯的功力。

據《將太的壽司》所言，一個好的壽司師傅還要懂得就地採材，製作出一道道美食來。編輯不能一味埋怨資源不足、沒有好文章，而是要在各樣限制中尋求突破。當然，長貧難顧，如何發掘作者、培養作者、擴展事工，是編輯須要思考的課題。

有一次將太幫一位老師傅為一羣小學生做捲壽司，餡料裏竟然連炸雞都有。將太心想，怎麼這樣沒水準，怎能跟對手那種精緻的壽司相比？但最終老師傅的壽司贏得小朋友的歡心。將太學了一課：不要一味賣弄技巧，而是要用心為對方著想，體貼對方真實的需要，創造出切合對方需要的壽司。當編輯的也要這樣想，因為「用心的料理最動人」。

壽司師傅要不斷提升自己的技術，既要建立壽司店的聲譽，又要時刻提醒自己，壽司與食客才是男女主角，我們只是充當牽線的角色，讓有情人終成眷屬。

説編輯是個壽司師傅，應該是個貼切的比喻吧！其實每一款壽司都有它的特色，講下去就是長長的一串學問。如果你還不明白，這樣好了，你請我吃壽司，我一邊吃一邊透過實物向你講解，咱們一言為定！

書名就是一首詩

文學的乳房

那一年我還在台北，獨自在公館附近逛書店，赫然看到西西的新作《哀悼乳房》，明知道西西賣藝不賣身，可是左看看右看看，還是按捺不住拿起來翻開序，看她葫蘆裏賣甚麼藥——

> 尊貴的讀者，打開這本書的時候，你是站在書店裏麼？今天你到書店來，想瞄瞄有甚麼合自己心意的書吧。你見到了《哀悼乳房》，咦，是本講甚麼的書？左右沒有甚麼人，你隨手拿起書來。芸芸書本中，你竟然翻起《哀悼乳房》，是『乳房』這兩個字吸引了你，而表面上你又有點抗拒？關於乳房，此刻你的腦子裏想起些甚麼？

——底牌給揭穿了，有點羞赧。

西西接著說：「這是一本有關乳房，以乳房作為主題的書，但內容可能與你心目中聯念、臆測的不同……」原來這是一本講到作者患上乳癌的書，只好慨歎一聲：真箇色即是空。不過最終我還是買了《哀悼乳房》，見識到西西如何「樂而不淫」的談了三百多頁的乳房。

更重要的是，我開始意識到書名的威力，試想想，如果書名叫「乳癌與我」，你以為會不會影響到閱讀的胃口以至銷量呢？

一本書的姓名學

孟樊就舉過書名如何影響銷路的例子：「以朱津寧的《新厚黑學》及《成功的自然韻律》二書為例，前書的市場魅力要大於後書，有一半要歸功於《新厚黑學》的取名成功。前書借助於國人所熟知的李宗吾《厚黑學》的盛名，不論宣傳或促銷，都有著力點，極易造成話題；後書書名一看就知道不太能『成功』，因為類似書名太多了，不具特色，因而難予讀者深刻的印象，出版社能賣的只是因前書乍紅起來的作者名字『朱津寧』三個字。」[1]

編輯很怕作者交來那種只有文字沒有名字的文章，有時候搔破頭皮都想不出一個貼切的名字來——據說海明威就曾為其作品起了上百個篇名都不滿意——更可況書名（或篇名）除了要夠「醒目」、能引起興趣外，最好還能概括該書的性質與主題，楊牧谷的《受傷的戀者——何西亞書今譯》、《淚眼先知耶利米》都是極具概括性的書名，相信不少人開有關的主日學課程時都感覺很難找到比這更貼切的題目。

印象最深刻的是董橋《英華沉浮錄》一系列的書名：《留住文字的綠意》、《天氣是文字的顏色》、《給自己的筆進補》、《文字是肉做的》、《鍛句鍊字是禮貌》……。看，取書名也可以是一種文學創作，應該做到「與日常語言不符合的、破壞日常規範化的語法、詞彙和句子，使人產生『陌生感』」[2]的效果。（補充講句，特別的題目，內容上一定也要有相應的水準，否則「雷聲大雨點小」，反而會被人指為假大空。）[3]

名字的理由

一個好書名，能讓人回味再三，揮之不去。高行健獲諾貝爾文學獎雖然令大部分讀者即時起了個「到底是誰」的問號，但我竟馬上憶起他是《一個人的聖經》的作者，全因這個書名充滿弔詭性的玄思。另一位作家張賢亮的《男人的一半是女人》、《習慣死亡》，同樣惹人暇想。余也魯教授就將標題的作法比喻為「櫥窗陳列術」，認為標題「很像櫥窗，它能吸引你進商店購物，也能教你望而生畏」。[4]提起「望而生畏」，想到《唧唧耶穌》、《牧師呱呱叫》這類書名，就真有點無話可說的感覺……

陳列櫥窗除了要美觀外，也要針對特定的對象。小說

Gone with the Wind 的中譯本叫《飄》，我覺得是神來之筆，同名電影譯作《亂世佳人》，乍看時覺得有點俗氣，但如果考慮到電影的受眾與小說的受眾是有分別時，就明白《亂世佳人》絕對是一個比《飄》吸引人的電影名字。

所以，雖然部分內容重複，《赫遜河畔談中國歷史》明顯是一本歷史普及讀物，而《中國大歷史》則有教科書的味道。而《經濟是權力，也是文學》、《隧道的盡頭是光明抑或光明的盡頭是隧道》則彷彿是留給識英雄重英雄的人看的。很多較嚴肅的書籍，原就鎖定是小眾讀物，只須名實相副便可，像《巴特與漢語神學》、《改革開放以來的中國農村教會》，分明是表示：要看就看，不看就拉倒！當然，如果有個像《沉重的肉身》的書名，就算沒幾個人真的看過，都會常掛在嘴邊，這種書名似乎已獨立於作品外而本性自足。

有作家寫過一些一句完的故事，也許我們也可以視書名為一首一句完的詩，如是，就難怪有些人泡了半天書店，書沒翻過幾頁，但離去時卻像飽餐一頓似的。

註 釋

1 孟樊：《台灣出版文化讀本》（台北：唐山，1997），頁99。

2 這是形式主義文學理論對詩語言的看法，見李澤厚：《美學四講》（香港：三聯，1989），頁99。

3 余也魯教授提到起題目的「三要」，值得參考：「一要引起讀者的興趣與關心，讓他一見鍾情；二要說出文章的性質與主題，覺得衣如其人；三要能讓讀者讀後覺得有收穫，真的秀外慧中。」談的雖然是雜誌文章的標題，但用在書名也未嘗不可。見氏著：《雜誌編輯學》，新訂版再版（香港：海天書樓，1986），頁145。

4 余也魯：《雜誌編輯學》，頁142。

店員，麻煩你幫我查一本書

好的
請問書名？

《書名就是一首詩》

請問作者的名字
是……

施仁

表面的魅力

「以貌取人，失之子羽。」這話是真的。

拿著香港版的《海邊的卡夫卡》，單看外表，真會倒掉胃口，它彷彿在說：「我沒臉見人，我沒臉見人，你不要看我，你不要看我！」

這對村上春樹迷來說，真是一記悶棍。只是情若真，自是苦苦痴纏，喊出一口台劇式對白：「無論你變成怎麼樣，我對你的心都不會變！我不管，我不理，你給我看吧，你給我看吧！」

這是出版者對讀者忠誠度的一次測試。

香港版不是沒有花過心思，封面那幅畫，大概想重現小說裏提到的那幅油畫。只是都說是油畫嘛，幹嘛好像隨便找個少年人拿廣告彩來塗鴉一番就算，還要叫他順便在畫上題上書名。

翻開書，赫然出現一個大大的黑三角！是三級刊物嗎？非也，這個「重要啟示〔事〕」只是想告訴你出版者擁有中文版權，警告你休得翻印！

▲香港版上下冊

本來熬過了封面，收拾好心情要欣賞文學，卻還要受商家佬不解風情的市儈氣，休矣休矣！至於以白書紙、線體九級長二字款的內文排版所營造的閱讀氛圍，爽朗有餘，沉鬱不足，跟村上在小說中營造的飄浮於現實與奇幻之間的詭異氣氛，仍有差距。

幸好的是，除了香港版，還有台灣版，而且人家一直都有出版村上的作品，手到擒來，平平實實的設計與排版，雖不突出，還算湊合村上的情調。

當兩個只能活一個，當然是醜的死。

好了好了，就算你嫌台灣版比較貴，買本國內版就是了，縱然沒甚麼設計可言。可是，沒設計總比醜設計算好設計。

▲台灣版上下冊

▲簡體版

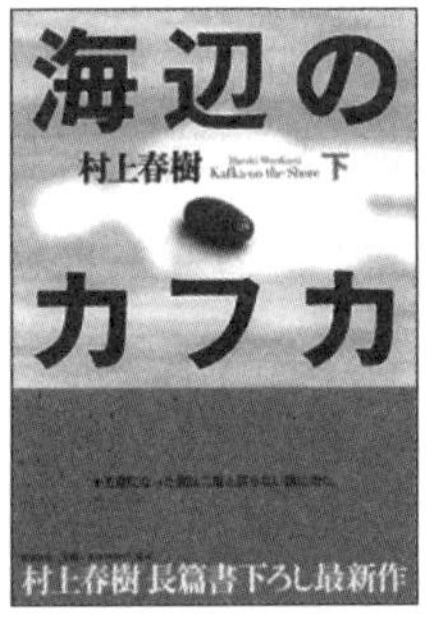

▲日文版上下冊

▲美國版

▲英國版

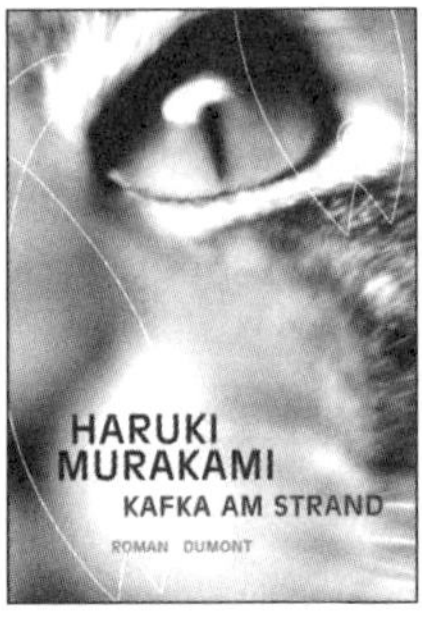

▲德國版

▲韓國版

閱讀的痕迹

有人説，能把一本書從頭到尾看完仍讓它看起來新簇簇的，才叫愛書。卻有這樣的一本書，每一手紙的頁與頁之間留下幾處未切的書口，每看幾頁，就得將接下幾頁的書口撕開，才能看下去，待你撕得貫徹始終，也就完成了整個閱讀過程。這本書永遠屬於你，因為別人無法留下相同的閱讀痕迹。這個撕的動作，成了這本書的內容的一部分；撕，變成了一首詩。

中文版的《荒漠的智慧》（*Desert Wisdom*），因著設計師郭曉勤的匠心獨運，竟創造出一個獨特的閱讀氛圍，連原出版社都驚為天人，請求中文版的出版社多送贈幾本，好讓其他譯本製作時可以參考參考。

如是我聞，荒漠的智慧，生生不息。

起初是野村湯史這位日本藝術家，在當代靈修大師盧

雲的啟導下，將沙漠教父的語錄由拉丁文及希臘文翻譯為英文。這沒甚麼希奇。重要的是他用日本水墨畫含蓄簡單的黑白線條，重新演繹了這些小故事，創造出一個禪意盎然的沙漠景觀，一個個苦行者頓悟成禪宗和尚。是不倫不類還是相映成趣，恐怕要看你的根器了，旁觀者只宜捻花微笑。

不過，現代人那麼浮躁，一頁一圖一故事，翻也匆匆，看也匆匆，想也匆匆，風過水無痕，只怕枉費了畫家的一片痴心。於是，中文版叫你靜下心來，看多少頁才撕多少頁，若要小心的撕，又得多耗些時間，是的是的，靈修本就不該急性子，淡泊方可明志，寧靜才能致遠，這回，閱讀的形式與閱讀的內容，心心相印。所以這個設計雖非原創，卻更見巧妙。可惜可惜，書室的同工如是告訴我：讀者買罷紛紛回頭，問這是錯版嗎，要求退換。能寫白馬論固然非凡，能賞白馬論也得好眼力，痴心仍是枉種。

只是，知音者卻忐而忑之，因為一本不被閱讀的書不叫完整，但一本被撕開的書卻又不算完美，完美的不完整，完整的不完美，看也不是，不看也不是，唉，只好多買一本——一雙叫人貪嗔癡的書。

作者的本相

壞電影不值得看，但不少壞電影很多人看，所以它們還是有「價值」的，而且是真金白銀的價值。

一般的壞電影不值得看，但大爛片卻值得看，朋友說某齣福音電視劇值得一看，因為它把會演戲的演員全都拍得好像不會演戲一樣，蔚為奇觀。

有人化神奇為腐朽，有人卻化腐朽為神奇，譬如，一些編輯高手就能把不會寫作的作者裝得好像很會寫作，把天下人都騙了。你不會知道，出版社也不會讓你知道，有些書是經過編輯的乾坤大挪移，近乎重寫，才能見人，包括一些知名作家的書。

可能因發功過度，國內一項調查顯示，出版工作者的平均壽命較一般人短二十幾年，編輯工作環境的惡劣，作者寫作水平的參差，可想而知。為義人死，是少有的；為仁人死，或者有敢作的；惟有編輯在作者還未成名的時候為他們死，這就叫作死得不明不白了。

可惜，總有人以為編輯好像甚麼都不用做似的，然後以迹近質疑的口吻問道：「你們編輯到底做甚麼的？」

所以我珍藏了這本書——《ｘｘ就是上帝》的第一版（記著，是第一版）。這是一本編、寫俱差的書，我閱讀時竟隨手就找出數十處錯漏，真正的數目自然更多，有時一個四字成語就錯了兩個字，文句不通之處也不少（至於內容上的偏頗，暫且不論），彷彿未經編輯校對就直接印刷似的。

一本書有錯漏很正常，大學時一位教授就說：沒有錯字的不是中文書。我自己編書、寫稿，就常為出版後發現的錯處懊惱不已。但一本書起碼經過兩個編輯過目，從頭到尾閱讀過四遍，能錯到這個程度，實在離譜。

不過這本書倒叫人不怒反喜，因為它復原了未經編輯的作者本相，從此我們可以拿著它顯示「整／易容前」和「整／易容後」的分別，還編輯同業一個公道。

而且，正因為有這樣珠聯璧合的一對編、作者，就再一次提醒編者、作者，不要只顧賣弄甚麼花巧，而是要反璞歸真，一切從基本開始。

意料的意外

今天是二〇一五年的元旦，關於二〇〇〇年的「血洗大除夕」，必須追溯到一九七〇年健次他們唸小學時，在空地的祕密基地中完成的《預言書》。《預言書》是他們的空想，講述一個企圖毀滅地球的壞人組織和一羣拯救人類的英雄。

二〇〇〇年，健次赫然發覺當年的預言竟逐一應驗，人類正面臨浩劫！於是他找回兒時的玩伴，誓要保衛地球！

時光流逝，已是二〇一四年年底，「歷史」告訴我們，「血洗大除夕」的主謀是恐怖分子「健次一黨」，而拯救地球的則是「朋友」；健次死了，而「朋友」則受萬人崇拜，正一步一步邁向「世界總統」的寶座。

如今，健次的外甥女珈南已十七歲，擁有神祕的力量，當年她還小，但她知道舅父不會是個壞人，她要繼承健次的遺志。這時侯，「健次一黨」的倖存者也一一重現，與她聯絡上，十幾年來他們苟且偷生，對健次的死念念不忘；再加上一些新成員，他們誓要向「朋友」報復！

於是一九七〇年前後這段撲朔迷離的過去，也逐一浮現、拼湊起來。他們發現除了《預言書》外，還有《新預言書》，由另一位小學同學所寫。而來到浦沢直樹的科學冒險漫畫《20世紀少年》的第十二集，健次的夥伴「落仔」正要到小學的圖書館尋找一本可能隱藏某些祕密的書⋯⋯

——咦，怎麼漫畫裏掉落了一張紙，上面歪歪斜斜的用鉛筆寫了幾行字？先不管了，故事緊張，看下去吧——

書海茫茫，有甚麼書可以用作祕密聯絡之用又不會被人發現，而且能保存在圖書館四十多年又不被丟掉？

落仔沉思。

一本只有下卷又有作者簽名的書！

找到了！書中夾著一張「祕密集會的通知」，就是它了！集會時間是二〇一五年的元旦晚上，就是現在！

——咦？怎麼跟漫畫裏夾著的紙一模一樣！懸疑莫測的漫畫家碰上機關算盡的出版者，那麼低成本的一張紙，就讓虛幻進到現實，叫窮追不捨的書迷啞然失笑。

讀者意見表

緊扣時代 服事教會

以文字傳揚基督真道

衷心多謝你購買本社書籍。本社一直致力以出版事工服事教會，幫助信徒扎根於神的話語，促進靈命增長。為使我們的出版更能滿足你的需要，請填寫下列各項資料，並寄回或傳真予本社。

所購書籍：________________

本書最吸引你的地方：
☐作者 ☐適切性 ☐文筆 ☐設計 ☐實用性
☐其他：________________

購買本書地點：
☐基道書樓 ☐基督教書店 ☐非基督教書店

性別：☐男 ☐女 職業：________________

信仰：☐基督徒 ☐非基督徒

年齡：☐ 16 歲或以下 ☐ 17～25 歲 ☐ 26～35 歲
☐ 36～55 歲 ☐ 56 歲或以上

學歷：☐中三或以下 ☐中五 ☐預科
☐大學 ☐研究院

☐我欲更多了解基道出版社的事工及考慮支持，請寄給我下列資料：
☐機構簡介 ☐新書資料 ☐基道會員通訊
☐《基道文字事工通訊》

姓名：________________ 電話：________________

地址：________________

____

傳真：________________ 電子郵件：________________

其他意見：________________

____

多謝賜教！

基道出版社

意見表可以傳真（2687-0281）或直接郵寄以下地址：
香港沙田火炭坳背灣街26號富騰工業中心1011室
基道出版社編輯部收